5-7, rue de l'École polytechnique, 75005 Paris

www.harmattan.fr

ISBN : 978-2-14-025485-7
EAN : 9782140254857

Le Plan quinquennal
1981-1985

Ahmed Sékou Touré

LE PLAN QUINQUENNAL 1981-1985

TOME XXVII

L'Harmattan

Le Plan quinquennal
1981-1985

INTRODUCTION

Le rayonnement de la Révolution guinéenne guidée par son Parti-Etat n'est plus à démontrer. En effet, le Peuple de Guinée organisé au sein de son Parti, le PDG, s'est attelé avec une ardeur toujours renouvelée à la construction des bases d'une économie nationale.

Il est établi que nous faisons l'économie de notre politique, à savoir une économie systématiquement axée sur notre volonté de sortir du stade du non-développement en mobilisant toutes nos ressources internes, afin que l'aide extérieure soit une contribution supplémentaire aux efforts orientés de nos propres forces productives libérées grâce à la Révolution, des entraves historiques qui muselaient la catégorie du travail, à toutes les initiatives créatrices devant aboutir à la satisfaction entière des besoins de notre Peuple.

Il n'est pas donc étonnant que la 46e Session du Conseil National de la Révolution ait eu à l'ordre du jour l'examen et l'adoption de notre 4e plan de développement économique et social, le Plan quinquennal 1981-1985.

Il est passé de tradition qu'aucune Session de travail de notre Parti ne peut siéger valablement sans avoir fait le bilan de ce qui a été réalisé auparavant et ce qui reste à faire.

Nous avons économiquement décollé. Mais allons-nous nous contenter de ce démarrage alors que nous avons encore des ressources internes à mobiliser pour l'accélération de notre développement économique et social ? Non assurément !

C'est pourquoi, la 46e Session du Conseil National de la Révolution tenue à Conakry les 26, 27 et 28 décembre 1980 sous la présidence du Responsable Suprême de la Révolution, le Président Ahmed Sékou Touré, a axé toutes ses activités sur le développement global et harmonieux, non pas sur la croissance menant aux déséquilibres qui font la faiblesse des institutions économiques de maints Etats.

Le Conseil National de la Révolution est une Instance de décision entre les Congrès ; les décisions qui en sortent engagent rigoureusement tous les cadres. La rigueur dans le respect des engagements, des résolutions, pour que les objectifs assignés parce que clairement définis par le CNR, soient atteints pour le plus grand bien de notre Peuple.

Cette importante session, conformément à l'article 216 des statuts du Parti-Etat de Guinée a groupé : 215/219 délégués dont :

— 81 Membres du C.C. du PDG

— 4 (quatre) délégués par chacune des 35 Fédérations :

Le Secrétaire Fédéral, le Gouverneur de Région,

Le Secrétaire à l'économie du Bureau Fédéral et le Secrétaire chargé des finances et du Plan.

— 5 (cinq) Membres du Comité National de la Jeunesse de la Révolution Démocratique Africaine (JRDA)

— 5 (cinq) Membres du Comité National des Femmes

— 5 (cinq) Membres de la Confédération Nationale des Travailleurs de Guinée (CNTG)

— 5 (cinq) Membres du Bureau de l'Etat Major Inter-Armes

— 5 (cinq) Membres de l'Assemblée Populaire Nationale.

La 46e Session du CNR, outre l'étude et l'adoption du projet du 4e Plan de développement économique et social 1981-1985, a pris d'importantes décisions et adopté une Charte de travail.

Nous publions dans cet ouvrage les différents textes se rapportant à ce plan quinquennal 1981-1985 qui donnera une impulsion nouvelle à la vie de la Nation.

De l'Elaboration du Plan Quinquennal 1981 - 1985

PHASE PREPARATOIRE DU PLAN

En prévision d'une Session prochaine du Conseil national de la Révolution, comme c'est indiqué dans le programme de travail que nous avions récemment adopté pour planifier nos débats relatifs à l'élaboration du prochain Plan, nous devons préparer un rapport général qui comporte toutes les leçons tirées des trois derniers Plans de développement économique et social et inviter de façon impérative tous les cadres du Parti-Etat à se soumettre, désormais, dans l'action de développement, à une discipline rigoureuse et permanente et à exploiter leurs connaissances en matière de développement économique et leurs expériences en matière de planification et de gestion en vue de donner à ce 4e Plan National en préparation un caractère totalement réaliste.

Au cours d'une des séances plénières du Xe Congrès National du PDG, tenu spécialement pour se prononcer sur le 3e Plan Quinquennal, le Secrétaire Général du Parti avait été amené à faire une intervention à la tribune pour dénoncer publiquement le caractère trop superficiel, voire fantaisiste, du rapport qui avait été présenté par le Ministre du Plan d'alors.

Et bien avant cela, nous rappelons aussi, que lors de la session d'avril 1960 du CNR qui eut à discuter à Kankan du Projet du 1er Plan National de Développement, il y avait eu de telles séances pénibles.

En effet, à Kankan, le Secrétaire Général du Parti fut obligé d'interrompre les débats pour l'organisation d'une séance spéciale qui fut exclusivement consacrée à la définition de notre politique de planification et au choix des méthodes de travail en rapport harmonieux avec nos moyens propres et nos capacités réelles.

Le 26 Septembre 1980, nous avons commencé les débats sur les grandes lignes du prochain Plan National et nous nous sommes vite aperçu de l'existence de contradictions sur la méthodologie de son élaboration. C'est pour éviter que ces contradictions ne se manifestent au cours de nos prochaines séances de travail et des instances du PDG telles que le CNR dont la Session est déjà prévue les 26, 27 et 28 Décembre 1980 pour se prononcer sur le futur Plan, que nous avons décidé de soumettre au présent Conseil des Ministres, quelques idées directrices relatives à notre politique de développement national planifié.

En un mot, nous ne devons retenir que ce qui est réel et possible, car nous sommes à même d'apprécier avec objectivité, la dimension actuelle de nos moyens tant humains, matériels que financiers.

Quant à nos besoins, ils sont d'une dimension plus grande, celle-ci étant en rapport avec l'ardente volonté de notre Peuple de s'émanciper, de se développer en vue de pouvoir effectivement et totalement satisfaire ses profondes et légitimes aspirations à un progrès généralisé.

Mais, il ne s'agit pas de faire l'inventaire de nos besoins ; il s'agit plutôt de faire l'inventaire exact de nos moyens : moyens humains, moyens matériels, moyens financiers. Si nous pouvons par exemple, en fonction de la situation réelle du pays, nous mettre d'accord sur un niveau de capacité financière pour les cinq ans à venir, cela nous permettra de nous fixer un montant global donné de ressources nationales, propres à nous, dont l'utilisation pourrait faire l'objet d'une distribution d'enveloppes financières aux différents secteurs concernés par notre politique de développement économique et socio-culturel du pays.

Ainsi, chaque Département, sachant parfaitement la dimension de son enveloppe financière, élaborera son projet de plan en tenant compte des directives données par le Gouvernement et qui comportent :

1. La normalisation et la dynamisation de ce qui existe,

2. La création de ce qui n'existe pas et qui doit nécessairement dynamiser la situation économique et améliorer la vie sociale et culturelle du Peuple.

Evidemment, il n'ya pas que nos moyens propres qui soient exclusivement à envisager dans certains secteurs nécessairement tributaires d'apports extérieurs.

Grâce aux avantages liés à la coopération internationale, des moyens supplémentaires peuvent être dégagés à l'issue de négociations que nous aurons à mener avec des partenaires étrangers. Il n'y a là aucune limitation ; toutes possibilités nouvelles offertes à nous, par la coopération avec un partenaire — Etat, Organisme ou personne physique ou morale — viendraient s'ajouter à nos moyens propres pour justifier l'élargissement de nos objectifs, et faire du Plan, un ensemble coordonné, mais dont la partie nationale sera de la dimension de nos moyens propres, alors que la partie relevant de la coopération internationale sera de la dimension de la confiance que les partenaires de l'extérieur voudront bien manifester à notre endroit, décidés qu'ils seraient à participer à la mise en valeur des potentialités ou ressources naturelles du pays ; leurs investissements étant sûrs en raison de la stabilité du régime populaire guinéen et aussi du sérieux dont son gouvernement a toujours fait montre.

Nous devons préciser, à l'intention de tous, qu' à la phase actuelle du Parti-Etat, ouverte par le XIème Congrès du PDG, l'objectif fondamental est le renforcement des bases matérielles de la Révolution par un travail intense, planifié, qui doit promouvoir un développement rapide et harmonieux du pays. La solution des problèmes essentiels du développement économique et social de notre pays exige maintenant plus qu'avant, une impulsion nouvelle au progrès scientifique et technique et la qualification poussée des méthodes de planification et de gestion tant au niveau de la micro-économie qu'à celui de la macro-économie.

Quels peuvent être les facteurs fondamentaux à réunir pour la qualification de ce système de planification ?

1. — Une idéologie saine et une méthodologie efficiente quant à l'utilisation des ressources existantes.

2. — L'esprit de responsabilité à tous les maillons de la hiérarchie et de la décision.

3. — La convergence des intérêts et des activités dans l'utilisation des moyens d'action disponibles de manière à constamment garder à l'esprit de chacun l'intérêt national.

4. — La mise en œuvre d'une technique d'organisation de la planification à tous les échelons du Parti-Etat.

5. — L'exploitation effective de toutes les techniques de planification et de gestion dégagées par le Parti-Etat lors des Conférences économiques nationales et des Sessions du Conseil national et Régional de la Révolution.

Il faut rappeler que le Plan, en tant que conception et projection du développement économico-social de la Nation doit être avant tout compris et exploité, non comme une simple énumération de vœux d'un certain nombre d'objectifs pris isolément, mais plutôt en tant que système, c'est-à-dire un ensemble cohérent d'objectifs économiques, sociaux et culturels, réagissant les uns sur les autres, s'influençant mutuellement au fur et à mesure de leur réalisation.

C'est pourquoi le prochain Plan doit connaître une élaboration davantage minutieuse, car son Pouvoir de mobilisation des masses et sa réussite en dépendront dans une large mesure.

Notre Parti n'a jamais perdu de vue cet aspect fondamental dans la préparation de nos différents Plans de Développement Economique et Social.

Il suffit en effet de jeter un coup d'œil sur nos trois dernières expériences de planification pour se rendre compte de l'amélioration de la méthodologie de préparation d'un Plan à un autre. Si la préparation du prochain plan doit suivre cette tradition, elle doit être meilleure à celle des Plans déjà exécutés, d'autant plus que plus le pays se développe, plus les problèmes économiques deviennent complexes et alors, il faut toujours davantage mesurer avec plus de perspicacité le niveau de la production dans ses rapports avec les données politiques, sociales, démographiques. Il y a interaction de ces données les unes avec les autres.

Notre intervention portera sur la procédure et la méthode à suivre pour la préparation du futur plan.

1. — ORIENTATIONS GENERALES DU FUTUR PLAN DE DEVELOPPEMENT ECONOMIQUE ET SOCIAL.

L'objectif principal de la politique économique du Parti-Etat pour la prochaine période de planification est l'amélioration notable du niveau de vie de l'ensemble du Peuple et, en

particulier, celui de la population rurale, sur la base de l'instauration d'un processus auto-entretenu de développement économique au niveau national, régional et local.

Chaque cadre doit garder à l'esprit que planifier c'est prévoir et donc élaborer le processus des actions pour les engager quand elles sont devenues nécessaires. Il s'agit là de tenir compte du temps, de telle sorte que le progrès soit toujours global et non limité à la seule croissance de secteurs particuliers.

Pour ce faire, le Pouvoir Révolutionnaire Central, pour la prochaine période de planification, estime indispensable d'assurer un meilleur fonctionnement du système de gestion, une plus grande rentabilité du processus de production et un taux de croissance plus élevé, tant à l'économie nationale dans son ensemble qu'à ses différentes branches. Car **un plan doit être une structure logique, mathématiquement équilibrée. Donc il ne peut souffrir d'empirisme. Il n'admet pas la règle des essais ou hésitations et des erreurs.**

La réalité de la dominance agro-pastorale dans nos activités de production nous invite à donner une place de choix aux actions de transformation qualitative de nos campagnes. C'est dire que :

A. — **Le secteur rural continuera à avoir et à rester la priorité.** L'objectif est d'obtenir une augmentation de la production et de la productivité et ce, afin de parvenir à l'autosuffisance alimentaire en ce qui concerne les céréales, les produits de l'élevage et de la pêche. Des mesures doivent être prises pour obtenir une réduction substantielle des pertes des produits agricoles tant au moment de la récolte que dans la conservation des stocks.

L'agriculture céréalière occupera donc la première place dans ce secteur, sans négliger la production des divers tubercules afin d'engager une politique de substitution de certains d'entre eux aux céréales encore déficitaires.

Le développement de la production agricole reposera sur la production paysanne, les Fermes Agro-Pastorales Communales (FAC), les Fermes Agro-Pastorales d'Arrondissement (FAPA), les Coopératives et Sociétés Agricoles Privées, les Sociétés Agricoles Mixtes ou Entreprises d'Etat.

Avec le prochain Plan, **l'on engagera, d'une façon méthodique et systématique, l'effort de passage de l'agriculture pluviale actuelle à la culture irriguée, ce qui suppose la programmation et la réalisation d'un réseau dense de microbarrages hydro-agricoles et de petits bassins de retenue d'eau.** Ici, le Service national d'Hydraulique sera réorganisé et comprendra un secteur d'Aménagement hydro-agricole et d'exploitation des ressources en eau fonctionnant au sein du Ministère de l'Agriculture, des Eaux et Forêts et des FAPA et étroitement lié au développement des ces FAPA.

Nous savons que l'eau maîtrisée, l'agriculture irriguée rendue effective, la vraie saison agricole ne sera plus de Mai à Octobre comme aujourd'hui, mais de Septembre à Mai, neuf mois au cours desquels chaque année, on pourra faire aisément deux cultures céréalières sans craindre d'aléas, et même au cours de la saison pluvieuse une troisième culture sera assurée.

La production des matières premières pour l'industrie, les cultures d'exportation et les agro-industries devront être puissamment impulsées. Nous insisterons sur l'impulsion à donner à cette production en attirant l'attention sur le fait que beaucoup d'usines ou de fabriques périclitent ou cessent même de fonctionner dans les pays en développement, car il faut toujours importer les matières premières. Il y a lieu de mesurer la gravité des conséquences d'une telle situation ; perte sèche pour le pays, reconversion des travailleurs dans d'autres activités avec le cortège de problèmes sociaux que la contre-révolution peut dangereusement exploiter.

En matière d'Elevage, les objectifs seront l'amélioration de la productivité des bovins, des caprins, le développement de l'élevage de la volaille, etc..., L'augmentation notable de la production annuelle de poissons frais et séchés.

B. — Dans le domaine de l'industrie manufacturière un accent sera mis sur l'amélioration de la gestion, l'utilisation des capacités installées et la rénovation des Unités existantes.

Le développement des industries alimentaires, celles du textile, des matériaux de construction, les industries mécaniques forestières permettront la valorisation des matières premières locales et la création de nouveaux emplois industriels.

Les mesures d'incitation, d'encouragement et de soutien seront prises pour favoriser le développement de la petite et moyenne entreprises tant publiques que privées. Un Office est d'ailleurs déjà créé dans ce sens.

C. — Dans le domaine de l'industrie minière, notre objectif visera en premier lieu à l'augmentation de la production des Unités existantes. Il s'agira d'assurer également leur diversification et de préparer la phase de l'industrie de transformation.

Une importance particulière est accordée à cet effet à la réalisation de l'usine d'Electrolyse d'aluminium qui devra rendre plus rentable la production électrique du Konkouré.

La mise en valeur des gisements de bauxite, du minerai de fer du Nimba, la recherche, l'exploitation du pétrole et de l'or, du diamant, de l'uranium constitueront les objectifs importants dans le domaine minier.

La stratégie consistera à intensifier l'exploitation des ressources minières à grand rendement en devises étrangères de manière à dégager les moyens financiers qui, ajoutés à ceux que nous procure la coopération internationale, nous permettront de financer les actions du Plan et de laisser un surplus pour mieux satisfaire les besoins courants du Peuple. **Il convient donc qu'une estimation et une projection soient faites pour déterminer l'apport prévisionnel en devises de chacune de ces entreprises minières.**

La confection de cette balance financière est capitale.

D. — Dans le domaine de l'Energie, la priorité sera donnée à la réalisation du Complexe Hydro-Electrique de SOUAPITI, la rénovation et l'extention des systèmes de production, de distribution d'électricité et d'eau dans les principales villes du pays.

Nous retiendrons surtout que les ressources potentielles hydro-énergétiques de la Guinée sont immenses et que, en matière d'énergie leur exploitation doit être systématique étant donné qu'aucun développement économique et matériel ne peut être effectif sans la disponibilité de l'énergie et qu'il est anti-économique que la Guinée fonde son développement sur les hydrocarbures qu'elle ne produit pas actuellement et qui sont de plus en plus chers. Il convient que nos ressoruces en hydrocarbures qui sont plus que probables, soient utilisées à d'autres fins qu'à leur transformation en énergie électrique, quand on sait que nous devons électrifier le pays jusque dans la moindre commune villageoise.

E. — Dans le domaine des Communications, d'importants travaux doivent être prévus :

a) Dans la Télécommunication : achèvement de la réalisation du Réseau national de transmission par Faisceaux Hertziens, extention du Réseau international, extention et modernisation des Centraux et Réseaux Téléphoniques, Développement du Réseau de Radiodiffusion et Télévision, développement de la téléphonie rurale pour les FAPA.

b) Dans le domaine des Travaux Publics et des Transports : construction et reconstruction des routes nationales, remise en état des routes et pistes de desserte, afin d'améliorer le transport des produits agricoles vers les centres de consommation ou d'exportation ; la jonction du réseau national avec ceux des pays voisins ; la construction et l'extention des ponts, la rénovation du chemin de fer et la création de Sociétés Maritimes de transport, d'Etat ou mixtes.

c) Les moyens de transport des biens et service feront l'objet d'une attention particulière.

F. — Dans le cadre de l'Education, les objectifs viseront à satisfaire les besoins des différents secteurs en cadres moyens et supérieurs compétents ainsi qu'à la création d'une infrastructure scientifique et technique adéquate. **Nous aurons surtout soin de créer beaucoup d'Ecoles professionnelles de haut niveau pratique** afin que pour un ingénieur il y ait 6 cadres de maîtrise et que, pour chaque cadre de maîtrise il y ait au moins une dizaine d'ouvriers spécialisés.

Une attention spéciale sera portée à la promotion de la Recherche scientifique et technique pour le développement. Sans nous astreindre à imiter quiconque nous devons savoir que le Japon, par exemple, s'est appliqué à digérer et assimiler les technologies des autres et à partir de là, à créer ses propres technologies par lesquelles il bat aujourd'hui les autres et pulvérise tous les pronostics.

G. — Dans le domaine social, l'amélioration et la modernisation de l'infrastructure ainsi que l'augmentation du rendement des services sanitaires, tant en milieu rural qu'urbain, constitueront un objectif important dans ce secteur qui a toujours bénéficié de l'attention du Parti-Etat. Signalons ici que nos ressources devant être économisées, alors que nous avons à faire à des questions vitales comme celles de santé, il faut surtout dans les campagnes organiser la médecine préventive et collective.

L'élaboration et la mise en œuvre d'une politique dynamique de l'habitat occuperont une place importante dans le futur Plan. C'est l'objet de la création d'un Ministère des Domaines de l'Urbanisme et de l'Habitat ainsi que de l'édification de l'Usine de Klinckcr. Dans le domaine de l'habitat, la coopération avec l'extérieur, à travers des Sociétés Mixtes nous permettra d'acquérir rapidement le savoir-faire nécessaire.

II. PERSPECTIVES GLOBALES DU FUTUR PLAN DE DEVELOPPEMENT ECONOMIQUE ET SOCIAL.

L'analyse des données de la comptabilité nationale et du Bilan d'exécution du dernier Plan Quinquennal a déjà permis de connaître la situation de l'économie nationale, ses points forts et ses points faibles.

Partant, elle a permis de dégager les tendances d'évolution des différents secteurs et agrégats et de faire des projections pour la décennie 1981/1990. Ces projections ont aussi tenu compte des études prospectives faites pour la prochaine décennie pour la Région africaine et la Sous-Région Ouest-Africaine par les différentes Organisations Internationales telles que la Banque Mondiale, la Commission Economique des nations-Unies pour l'Afrique, l'ONUDI et la FAO.

Les perspectives de l'économie guinéenne pour la prochaine période de planification ont été ainsi fixées en fonction des résultats de cette analyse.

Celles-ci ont permis au Pouvoir Révolutionnaire Central de fixer :

1. — à cinq ans la prochaine période de planification (1981-1985). Le prochain Plan sera donc encore un Plan Quinquennal.

2. — Le volume du PIB et les taux de croissance économique global et sectoriel (voir tableau suivant),.

PROJECTION DU PIB PAR SECTEUR DE 1981-1985 (PERIODE DU PROCHAIN PLAN) EN MILLIARDS DE SYLIS

DESIGNATION	ANNEE De BASE	1981	1982	1983	1984	1985	TAUX EN %
I. Développement rural	11,51	11,86	12,22	12,59	12,97	13,36	3
II. Industrie, Energie, Mines et Géologie	7,64	8,25	8,91	9,62	10,39	11,22	8
III. Travaux Publics, Urbanisme et Habitat	2,20	2,33	2,47	2,62	2,78	2,95	6
IV. Transports et Télécommunications	0,40	0,42	0,44	0,46	0,48	0,50	4
V. Commerce, Banques et Assurances plus autres	7,51	7,81	8,12	8,44	8,78	9,13	4
Totaux	29,26	30,67	32,16	33,73	35,02	37,16	5

Comme les précédents, le quatrième Plan vise à la consolidation de l'indépendance économique, à l'accroissement de la production nationale et à l'augmentation du bien-être des larges masses populaires. C'est compte tenu de ces objectifs que les projections ci-dessus ont été conçues en deux temps ;

— Des projections à moyen termes (1981 à 1985)

— Des projections à long terme (1981 à 1990)

Selon ces projections, le PIB global devra atteindre un taux d'accroissement moyen annuel de 5 % (en monnaie constante) sur la période 1981/1985 et de 6 % sur la période 1986/1990. Cela suppose une impulsion vigoureuse des secteurs rural et industriel qui devront connaître des taux moyens annuels de croissance de 3 [illegible] 8 % respectivement en monnaie constante. La structure sectorielle du PIB devra être alors sensiblement modifiée à la fin de la décennie (1981/1990), le secteur industriel prenant la première place avec un taux moyen de croissance de 10 % l'an sur la période 1986/1990.

Pendant toute la décennie, le secteur des transports et Télécommunications ;et le secteur des Services (Banque ; Assurances, Commerce, Administration etc...) connaîtront un taux de croissance de 4 % l'an (en monnaie constante). Mais ce taux pourrait être amélioré à partir du jeu des facteurs de rendement interne.

Les Travaux Publics, l'Urbanisme et l'Habitat, vont être impulsés et devront atteindre un taux moyen annuel de croissance de 6 %.

2. — Le montant global de l'Enveloppe Financière compatible avec les taux de croissance retenus, les exigences de la dette extérieure à la charge du Plan s'élèvent à 40 000 000 000 de Sylis et se répartissent en Fonds d'amortissement de la Dette Publique pour 6 000 000 000 de Sylis, en Fonds d'investissement pour 32 000 000 000 de Sylis et en Fonds de réserve pour 2 000 000 000 de Sylis.

La répartition par secteur montre l'importance accordée au développement des secteurs productifs de l'économie avec 57 % au total (20,90 % pour le secteur rural, 11,40 % pour l'industrie, 7,60 % pour la Géologie et les mines, 6,65 % pour les Travaux Publics, 6,65 % pour l'Energie et 3,80 % pour l'Elevage et la pêche).

REPARTITION DES INVESTISSEMENTS DU PROCHAIN PLAN QUINQUENNAL DE DEVELOPPEMENT ECONOMIQUE ET SOCIAL (1981-1985)

N° D'ordre	DESIGNATION	Montant en mil. de Sylis	Pourcentages
1	Agriculture, Eaux et Forêts	8 360	20,90
2	Elevage et Pêche	1 520	3,80
3	Industrie	4 560	11,40
4	Energie	2 660	6,65
5	Géologie-Mines	3 040	7,60
6	Travaux Publics	2 660	6,65
7	Urbanisme et Habitat	1 520	3,80
8	Transports	760	1,90
9	Télécommunications	760	1,90
10	Commerce Intérieur	190	0,48
11	Commerce Extérieur	380	0,95
12	Banques et Assurances	190	0,48
13	Enseignement Pré-Universitaire	1 330	3,32
14	Enseignement Supérieur et Recherche Scientifique	380	0,95
15	Jeunesse, Arts et Sports	190	0,48
16	Information	380	0,95
17	Santé	570	1,42
18	Travail	76	0,19
19	Affaires Sociales	57	0,14
20	Affaires Islamiques	57	0,14
21	Infrastructure et Equipement Administ.	2 280	5,70
	Total Investissement	31 920	79,80
22	Dettes Publiques (chiffres Arrondi)	6 080	15,20
23	Réserves	2 000	5,00
24	**Total Général**	40 000	100,00

Tirant les leçons des expériences précédentes de planification, notre futur plan devra être un Plan réaliste et objectivement conçu. Ainsi on remarqua que les projections du financement ne tiennent pas compte de la réalisation des grands projets (Konkouré, Usine d'Aluminium, Mifergui, Ayé Koyé, Centre d'Exploitation du Diamant, de Bauxite, d'uranium, etc... ni des grands projets d'habitat, de travaux publics et de communications etc...) qui peuvent être conclus avec des partenaires étrangers avec financement accordé par ces partenaires. Ces projets dont les études ne sont pas encore terminées et les modalités de financement arrêtées viendraient s'ajouter au programme que nous allons effectuer sur la base de nos seules ressources nationales.

Ces projections ne tiennent pas non plus compte des investissements privés et ceux effectués par les Sociétés Mixtes Minières, agricoles, de pêche, de transport existantes ou en création.

Une fois que les études de réalisation des grands projets seront terminées et le financement trouvé, ces projets seront inscrits au Plan de Développement par addition à la tranche correspondante et la prévision globale et sectorielle réajustée en conséquence.

Il en sera de même pour tout projet qui sera jugé prioritaire par le Gouvernement et pour lequel les moyens de financement seront acquis au cours de l'exécution du Plan. Leur utilisation pourrait nous permettre de nous fixer de nouveaux objectifs dans le cadre du développement économique du pays.

Ainsi donc, les objectifs de croissance du Produit intérieur Brut, de financement et d'investissement contenus dans le futur Plan constituent l'hypothèse minima de développement que notre pays devra nécessairement atteindre voire dépasser.

III. — PROCEDURE ET METHODE D'ELABORATION DU PLAN

L'élaboration du Plan doit être précédée par un travail préparatoire et avec la participation de tous les cadres techniques ayant accumulé une certaine expérience et qui sont dotés de certaines connaissances pouvant permettre au Département de procéder à une élaboration judicieuse de son plan quinquennal.

Au niveau du PRC

Les différents Départements Ministériels, principaux agents d'exécution du Volet National du Plan de Développement Economique et Social devront, sur la base des objectifs globaux — taux de croissance du PIB, volume des investissements, taux de croissance sectorielle, etc,. arrêtés par le PRC, constituer des Commissions de travail en vue d'élaborer leurs Plans Sectoriels respectifs.

L'élaboration de ces **Plans** consistera en une analyse aussi profonde que possible de l'état actuel du secteur, la confrontation des besoins actuels et futurs du secteur avec les possibilités du pays et les nécessités en découlant pour son développement prospectif ; des propositions concernant le programme de nouveaux investissements à effectuer, le programme d'emploi, de formation des cadres et les mesures à prendre pour assurer le développement du secteur dans la période envisagée.

Notons que le niveau de réalisation des actions est fonction à tout moment des ressources matérielles et financières, des moyens humains et des capacités de production. Il faut toujours donc envisager les objectifs en tenant compte des possibilités économiques objectives.

Au niveau des PRL, PRA, PRR :

Des Commissions de planification devront être constituées pour procéder à des études locales et régionales qui traiteront de l'économie régionale et locale dans son ensemble et par branche économique (agriculture, élevage, artisanat, infrastructure administrative, etc.)

Ces études consisteront à :

— faire une analyse très profonde des possibilités de la localité ou de la Région au cours du Plan Quinquennal ;

— établir sur la base des directives et objectifs arrêtés et de leurs besoins actuels et futurs, leurs plans respectifs en tenant compte surtout des possibilités réelles de réalisation.

En règle générale, le but du Plan économique est de garantir la production et la répartition judicieuse des ressources permettant la réalisation des objectifs de développement. C'est là un travail sérieux de taille pour les organes de planification.

Pour permettre une parfaite coordination et une harmonisation des différents Plans Sectoriels, Régionaux et Locaux, d'une part, un meilleur arbitrage et un contrôle, d'autre part, il importe que les différentes Commissions et les différents Groupes de Travail de planification se conforment au schéma ci-après, dans l'élaboration de leurs Plans respectifs.

1. L'étude de l'évolution du secteur ou de la localité ;

2. La définition des perspectives de développement en fonction des possibilités réelles de développement, de financement ou de réalisation perçues sans perdre de vue les moyens propres et les moyens complémentaires à chercher ;

3. La définition des priorités à observer et des projets réalisables sur la base des orientations, des objectifs assignés aux secteurs par le PRC et du volume de financement attendu.

Les projets réalisables devront être bien élaborés et assortis de dossiers justificatifs. Ces dossiers devront spécifier pour chaque projet :

— La nature

— La localisation.

— La justification économique et sociale (production attendue, emplois nouveaux, apports budgétaires, effets sur la balance de paiement etc.)

— Le coût de l'investissement

— Le calendrier d'exécution et de financement.

L'élaboration des projets est adaptée aux structures organisationnelles du Plan, c'est-à-dire largement décentralisée pour que le Plan ait la souplesse nécessaire aux initiatives, pour que les efforts soient fournis à tous les échelons, d'après les aptitudes et les charges à assumer, ce qui n'empêche pas le PRC de veiller sur le respect de l'Unité de contenu du Plan et de contrôler périodiquement son exécution aux différents niveaux.

Au cours du prochain Plan, le suivi et le contrôle des réalisations devront être renforcés, systématisés et permanents à tous les niveaux.

L'Organe Central de planification au niveau du PRC ne devra plus se limiter à contrôler l'exécution des opérations d'investissement inscrites au Plan. Il devra aussi contrôler l'accomplissement des Plans de production au niveau de toutes les Unités de production, et ce, en vue de saisir, annuellement et à la fin de chaque plan, l'ensemble du processus de production et de reproduction de l'économie nationale.

Evidemment, les mesures de correction intermédiaire pourraient intervenir, ce qui facilitera à coup sûr, dans l'avenir, le calcul des agrégats économiques aussi bien annuellement que pour la période planifiée.

Le Ministère du plan devra donc :

a) suivre, dynamiser et contrôler la réalisation des actions du Plan au niveau local (PRL, Région, CGR) par ses différentes Directions du Plan et Statistiques créées à chacun de ces niveaux.

b) examiner annuellement au niveau d'une des instances nationales du Parti-Etat, ou au cours d'une Conférence spéciale, l'exécution du Plan.

Pour ce faire, un système comptable adapté à tous les centres d'exécution du plan sera institué en vue du recensement économique adéquat de tous les résultats :

— Comptabilité financière

— Statistiques

— Recensement opérationnel technique

En conclusion, nous proposons le calendrier de travail suivant pour l'élaboration du prochain Plan :

I. — Adoption des orientations globales et des objectifs globaux de développement (taux de croissance du PIB et des secteurs, priorités sectorielles, enveloppes financières globales des branches sectorielles) avant le 30 Septembre 1980.

II. — Etablissement du canevas d'élaboration des projets de Plan sectoriels, régionaux et des PRL par le Ministère du Plan et approbation par le Gouvernement et le Comité Central avant le 10 Octobre 1980.

III. — Examen de l'avant projet par la Commission du Comité Central ou par le Gouvernement : le 3 Novembre 1980.

IV. — Examen et adoption du 4e Plan National de Développement par le Conseil National de la Révolution : les 26, 27 et 28 décembre 1980.

V. — Lancement du 4e Plan Quinquennal : le 1er janvier 1981.

Telles sont les directives que le Parti-Etat doit assigner aux PRC, PRR, PRA et PRL qui doivent se mobiliser et mettre tout en œuvre pour mener à bien l'élaboration et l'exécution correcte du prochain Plan de Développement Economique et Social de notre pays.

AHMED SEKOU TOURE

PLAN QUINQUENNAL

1981 - 1985

RAPPORT DE SYNTHESE

PREMIERE PARTIE

EVOLUTION DE LA SITUATION ECONOMIQUE A LA VEILLE DU PLAN QUINQUENNAL 1981-1985

A. — Bilan du Plan Quinquennal 1973-1978

Lancé le 1er Octobre 1973, le Plan Quinquennal (1973-1978) s'est achevé le 31 Décembre 1978. Sa contribution à l'effort de développement économique et social de notre pays a été relativement importante. Des résultats meilleurs auraient pu être atteints n'eût été la conjugaison des effets de la crise économique internationale (renchérissement des prix d'importation des biens et services) et des aléas climatiques (sécheresse).

Le Plan Quinquennal (1973-1978) a été réajusté en Décembre 1976 par une session commune du Comité Central et du Gouvernement à la suite des mises au point pertinentes du Camarade Responsable Suprême de la Révolution au cours du Conseil Supérieur des Normes et Comptabilité du 5/8/1976 et du meeting d'information du Comité Central du 9/8/1976 sur les insuffisances de son élaboration.

Le volume des investissements prévus a été ramené de 58 948 Millions de Sylis à 36 090 Millions avec une augmentation notable de la part du Secteur Rural et une diminution relative des Secteurs Mines et Energie qui comportaient dans leurs inscriptions le coût de réalisation des grands projets miniers et énergétiques alors que leurs études de faisabilité n'étaient pas terminées et les modalités de financement arrêtées. .

a) Ressources :

Le montant total des ressources obtenues au cours du quinquennat s'élève à 29 909 369 385 Sylis ce qui représente un taux de financement du Plan réajusté égal à 82,86 % :

$$\frac{29\,909\,369\,385}{36\,090\,000\,000} \times 100 = 82{,}86\ \%.$$

Le tableau ci-après indique la répartition des ressources obtenues en Sylis et en Devises au cours du quinquennat.

Ce tableau montre que les ressources en Sylis ont été de 15 738 802 425 Sylis et les ressources en Devises : 14 170 566 960 Sylis.

Années	Ressources en Sylis	%	Ressources en Dévises	%	Total des Ressources	%
1973/74	1 692 854 663	100 00	2 924 385 305	100 00	4 617 239 968	100,00
1974/75	1 538 237 853	90 91	2 751 923 053	94 11	4 290 160 906	92,92
1975/76	5 748 707 246	339 76	4 116 568 078	140 79	9 865 275 319	232,67
1977	3 607 112 116	213 19	1 840 824 580	62 96	5 447 936 696	118,00
1978	3 151 890 547	186 28	2 536 865 949	86 96	5 688 756 496	123,21
TOTAL.	15 738 802 425	—	14 170 566 960	—	29 909 369 385	—

Du point de vue origine ces ressources se repentissent comme suit : (Sylis)

I. — RESSOURCES INTERIEURES		
Désignation	Montant	%
Bénéfices et Amortissements	9 306 777 965	31,12
Recettes diverses	3 201 538 314	10,70
TOTAL	12 508 316 279	41,82
II. — RESSOURCES EXTERIEURES		
En Sylis	3 230 486 146	10,70
En devises	14 170 566 960	47,48
TOTAL	17 401 053 106	58,18
TOTAUX	29 909 369 385	100,00

Le tableau indique que les ressources obtenues au cours du quinquennat se répartissent en Ressources Intérieures pour 12 508 316 279 Sylis soit 41,82 % du montant total des ressources mobilisées et en Ressources Extérieures pour 17 401 053 106 Sylis soit 58,18 %.

Dans les Ressources Intérieures, les Bénéfices et Amortissements versés par nos Entreprises Nationales s'élèvent à 9 306 777 965 Sylis, ce qui représente environ le tiers des ressources globales obtenues au cours du quinquennat.

b) Les Investissements

Du point de vue des dépenses, l'exécution du Plan réajusté se présente comme indiqué dans le tableau ci-après :

Il ressort de ce tableau que le remboursement des dettes à la charge du Plan s'élève à 5 819 690 777 Sylis soit 30 % des dépenses effectuées.

DESIGNATION	PREVISIONS			Investissements réalisés (y compris remboursement dettes)				
	Nbre Actions prévues	Investissements prévus	%	Nbre Actions réalisées	En Sylis	En Devises	TOTAL	%
Développ. Rural.	88	3 500 000 000	9 70	67	1 605 203 965	1 040 947 564	2 646 151 529	13,80
Industrie	58	6 735 000 000	18,71	36	774 748 317	998 791 134	1 773 539 451	9,24
Energie	29	2 993 000 000	8,29	24	543 061 509	160 489 260	703 550 769	3,67
Mines et Géologie	21	7 701 000 000	21,34	17	498 846 846	1 377 410 977	1 876 257 823	9,78
T.P., Urbanisme et Habitat	34	5 492 000 000	15,22	23	584 702 347	355 408 247	940 110 684	4,90
Transports et et Télé-communications	46	2 742 000 000	7,60	34	376 523 035	199 847 758	576 370 793	3,00
Commerce, Banques	30	3 255 000 000	8,88	29	3 174 544 450		3 174 544 450	16,54
Education, culture, Information .	79	2 140 000 000	5,93	60	445 414 098	166 732 776	612 146 874	3,19
Domaine Social .	31	752 000 000	2,08	22	189 521 188	4 313 478	193 884 666	1,01
Infrastructure et Equipement Adminis.	67	812 000 000	2,25	53	283 894 402	589 617 989	873 512 391	4,55
Remboursement Dettes	—	—	—	—	5 818 690 777	—	5 818 690 777	30,32
TOTAL	483	36 090 000 000	100,00	365	14 295 151 024	4 893 559 183	19 188 710 204	100,00

La répartition des investissements montre que le Secteur commercial et bancaire ressort à 3 174 544 450 Sylis soit 16,54 % ; ce qui traduit l'accent mis par le Parti-Etat sur la restructuration du commerce d'Etat. Viennent ensuite le développement Rural avec 13,80 % ; le secteur Mines-Géologie avec 9,78 % ; l'Industrie avec 9,24 % ; les T.P., Urbanisme et Habitat 4,90 % ; l'Infrastructure et l'Equipement Administratif 4,55 % ; l'Energie 3,67 % ; l'Education-Culture et Information 3,19 % ; Transports et Télécommunications 3,00 % et le secteur Social 1,01 %.

B. — EVOLUTION DE L'ECONOMIE NATIONALE POUR LA PERIODE DU PLAN QUINQUENNAL 1973 à 1978

Le P.I.B. au prix du marché (en monnaie constante de 1973) pour la même période est passé de 20 762 Millions à 24 694 Millions, soit un taux de croissance moyen annuel de 4 % comme l'indique le tableau suivant.

Les Secteurs de l'économie ont contribué à cette évolution de la manière suivante :

- Industrie, Mines et Energie .... 13 %
- Commerce-Banques et Assurances .... 8,38 %
- Administrations .... 7,36 %
- T.P.-Urbanisme et Habitat .... 3,10 %
- Transports et Télécommunications .... 1, 0 %
- Développement Rural .... 1,00 %

Pour ce qui est de la formation du P.I.B. le secteur rural vient en tête avec 46,59 % ; le secteur Commerce-Banque-Assurances 18,58 % ; le secteur Industrie-Mines-Energie 13,95 % ; les Administrations 10,85 % ; T.P., Urbanisme-Habitat 7,64 % et les Transports et Télécommunications 2,39 %.

N°	SECTEURS	1973		1978		VARIATIONS		TAUX DE CROISSANCE MOYEN
		Valeur	%	Valeur	%	Valeur	%	
1	Agriculture	11,283	54,34	11,504	46,59	0,221	1,96	1 %
2	Industrie, Mines et Energie	1,901	9,16	3,446	13,95	1,545	81,27	13 %
3	Travaux Publics et constructions .	1,622	7,81	1,887	7,64	0,265	16,34	3,1 %
4	Transports et Télécom..........	0,559	2,69	0,590	2,39	0,031	5,55	1,09 %
5	Commerce-Banques-Assur.	3,067	14,77	4,587	18,58	1,520	49,56	8,38 %
6	Administration	2,330	11,23	2,680	10,85	0,350	15,02	7,36 %
7	PIB aux prix du Marché	20,762	100,00	24,694	100,00	3,932	18,94	4 %

DEUXIEME PARTIE

PLAN QUINQUENNAL 1981-1985

A. — PROCEDURE ET METHODE D'ELABORATION

Le Plan Quinquennal 1981-1985 a été élaboré conformément à la méthodologie prescrite par les directives du Camarade Responsable Suprême de la Révolution, à savoir :

a) L'analyse du bilan du dernier Plan Quinquennal et des données de la Comptabilité Nationale a permis de connaître la situation de l'économie nationale, ses points forts et ses points faibles. Elle a permis aussi de dégager les tendances d'évolution des différents Secteurs et Agrégats, les taux de croissance économique global et sectoriels, l'enveloppe financière globale compatible avec ces taux et la répartition sectorielle de cette enveloppe, et de faire des projections pour la période quinquennale. Ces projections ont tenu compte des études prospectives faites pour la prochaine décennie pour la région africaine et la sous-région ouest-africaine ;

b) Les Plans sectoriels pour permettre une parfaite coordination et une harmonisation des différents secteurs, un meilleur arbitrage et un contrôle ont été élaborés selon le schéma ci-après :

1° l'étude et l'évolution du secteur ;

2° la définition des perspectives de développement du secteur en fonction des possibilités réelles de développement et de financement ;

3° la définition et l'identification des priorités et des projets à réaliser.

Cette élaboration est, comme le recommande le Camarade Responsable Suprême de la Révolution, « adaptée aux structures organisationnelles du Parti-Etat, c'est-à-dire largement décentralisée pour que le Plan ait la souplesse nécessaire aux initiatives, pour que les efforts soient fournis à tous les échelons d'après les aptitudes et les charges à assumer. Ce qui n'empêche pas le Pouvoir Révolutionnaire Central (PRC) de veiller sur le respect de l'unité du contenu du Plan et de contrôler périodiquement son exécution aux différents niveaux ».

Les Départements Ministériels, principaux agents d'exécution du volet national du Plan de Développement Economique et Social ont, sur la base des objectifs globaux-taux de croissance du P.I.B, volume des investissements-arrêtés par le Pouvoir Révolutionnaire Central (PRC), constitué des commissions de travail en vue d'élaborer leurs plans sectoriels respectifs.

Conformément aux directives du Camarade Responsable de la Révolution en date du 27/9/1980, l'élaboration de ces plans a consisté en une analyse de l'état actuel du secteur, la confrontation des besoins actuels et futurs du secteur avec les possibilités du pays et les nécessités en découlant pour son développement perspectif.

Les projets des plans sectoriels ainsi élaborés ont fait l'objet de discussions et d'amendements devant la Commission du Comité Central chargée du Plan, des Finances et de la Monnaie.

Le Ministère du Plan et de la Statistique a été chargé de centraliser les projets ainsi amendés et de les présenter à la Commission pour examen qui, à son tour soumet le rapport aux instances supérieures du Parti-Etat.

B. — ORIENTATION ET OBJECTIFS GLOBAUX

Les orientations générales du Plan Quinquennal ainsi que les priorités accordées aux différents secteurs de l'économie nationale ont été définies à la Session du Conseil des Ministres du 27/09/1980 par le Camarade Responsable Suprême de la Révolution. « **L'objetif principal du Plan Quinquennal vise l'amélioration notable du niveau de vie du Peuple et en particulier celui de la population rurale sur la base de l'instauration d'un processus auto-entretenu de développement économique au niveau national, régional et local.**

Pour ce faire, le Pouvoir Révolutionnaire Central (PRC), pour la période de planification qui commence, estime indis-

pensable d'assurer un taux de croissance plus élevé à l'économie nationale dans son ensemble et à ses branches ainsi qu'un meilleur fonctionnement du système de gestion et une plus grande rentabilité du processus de production ».

***a)* Objectifs en termes de croissance.**

Les projections quinquennales (en monnaie constante) pour la période de planification qui s'ouvre, fixent les objectifs de croissance suivants :

— P.I.B. global .... 5 %
— P.I.B. du secteur Rural.......................... 3 %
— " du secteur Secondaire .... 8 %
— " du secteur des T.P. .... 6 %
— " du secteur des Transports et Télé Communications .... 4 %
— " du secteur du Commerce-Banques et Autres .... 4 %

***b)* Objectifs en termes d'investissement**

1. — **Investissements publics**

La répartition des investissements par secteur se présente de la manière suivante :

N°	DESIGNATION	Montant en millions de Sylis	Pourcentages
1	Agriculture, Eaux et Forêts	8 360	20,90
2	Elevage et Pêche	1 520	3,80
3	Industrie	4 560	11,40
4	Energie	2 660	6,65
5	Géologie-Mines	3 040	7,60
6	Travaux Publics	2 660	6,65
7	Urbanisme et Habitat	1 520	3,80
8	Transports	760	1,90
9	Télécommunications	760	1,90
10	Commerce Intérieur	190	0,48
11	Commerce Extérieur	380	0,95
12	Banques et Assurances	190	0,48
13	Enseignement Pré-Universitaire	1 330	3,32

14	Enseignement Supérieur et Recherche Scientifique	380	0,95
15	Jeunesse, Arts et Sports	190	0,48
16	Information	380	0,95
17	Santé	570	1,42
18	Travail	76	0,19
19	Affaires Sociales	57	0,14
20	Affaires Islamiques	57	0,14
21	Infrastructure et Equipement adminis.	2 280	5,70
	TOTAL INVESTISSEMENT	31 920	79,80
22	Dettes Publiques (chiffre arrondi)	6 080	15,20
23	Réserves	2 000	5,00
24	TOTAL GENERAL	40 000	100,00

2. — **Investissements Mixtes et Privés**

Les projets d'investissements mixtes et privés seront pris en compte et inscrits à la tranche correspondante du Plan chaque fois que les conditions de leur financement et de leur réalisation seront réunies.

C. — PLANS SECTORIELS.

1. — DEVELOPPEMENT DU SECTEUR « AGRICULTURE, EAUX ET FORETS ET FAPA »

L'objectif visé au cours de ce Plan est l'accroissement de la production en vue de couvrir non seulement les besoins alimentaires mais aussi d'assurer le ravitaillement correct de nos unités industrielles et permettre en même temps d'augmenter le volume des exportations. Sans négliger les autres cultures, l'agriculture céréalière occupera la première place dans le secteur. D'une manière générale le développement de la production agricole reposera sur la réalisation de micro-barrages et de petits bassins de retenue d'eau, ce qui permettra de passer de l'agriculture pluviale actuelle à la culture irriguée.

Le secteur connaîtra ainsi un taux d'évolution de 3 % avec un investissement de 8 360 000 000 de sylis (20,90 % de l'investissement global) repartis comme suit :

— Monnaie nationale .... 4 548 933 200 s.

— Devises .... 3 811 066 800 s.

L'investissement moyen annuel pour le secteur sera ainsi de 1 672 000 000 de sylis.

La réalisation des objectifs implique la mise en œuvre d'un certain nombre d'actions regroupées comme suit :

1. — **Aménagement :**

L'objectif est de parer aux aléas naturels en maîtrisant l'eau sur l'ensemble des terres cultivables pour assurer une croissance régulière de la production agricole. Il sera mis en valeur au cours de ce plan une superficie totale de 42 420 ha repartis entre 3 projets pour un investissement de 1 900 000 000 de sylis dont 770 000 000 sylis en monnaie nationale et 1 130 000 000 en devises.

Le financement acquis se chiffre à 65 000 000 de sylis en devises.

Le financement à rechercher s'élève à 1 835 000 000 de sylis dont 770 000 000 de sylis en monnaie nationale et 1 065 000 000 en devises.

Tableau de Financement des projets d'aménagement (en millions de Sylis).

n°	ACTIONS	COUT TOTAL			Financement Acquis			Financement Rechercher			Obser.
		S.	D.	T.	S.	D.	T.	S.	D.	T.	
1	Projet Monchon	22	35	57	—	-					
					—	—		22	35	57	Assist. URSS
2	Brigades de Genie-Rural	548	665	1213	—	65	65	548	600	1140	Assist. CEE
3	Projet Siguiri	200	430	630	—	-					
					—	—		200	430	630	FIDA
	TOTAL	770	1130	1990	—	65	65	770	1065	1835	

2. — Ressources en eau

Le développement de ce sous-secteur vise essentiellement la satisfaction des besoins en eau, en énergie et l'aménagement des fleuves. Dix (10) projets portant sur l'inventaire des ressources en eau, l'hydraulique urbaine et villageoise, les études hydrologiques des régions naturelles et les projets inter-Etats, seront mis en œuvre au cours de ce plan.

La réalisation de l'ensemble de ces projets nécessitera un investissement de 230 900 000 sylis dont 127 040 000 en devises et 103 860 000 en monnaie nationale.

Le financement acquis s'élève à 87 040 000 sylis en devises alors que celui à chercher se chiffre à 143 860 000 sylis dont 103 860 000 en monnaie nationale et 40 000 000 en devises.

Financement des projets hydrauliques (en millions de Sylis).

ACTIONS	COUT TOTAL			FINANC. ACQUIS			FINANC. A CHERCHER		
	S.	D.	T.	S.	D.	T.	S.	D.	T.
Inventaire Ressources en Eaux	5	7	12	—	7	7	5	—	5
Etudes Hydrologiques .	2	5,04	7,04	—	5,04	5,04	2	—	2
Plans Hydrologiques Régionaux	15	30	45	—	30	30	15	—	15
Plan Directeur des Eaux	10	40	50	—	—	—	10	40	50
Projets Hydro-Agricoles	17	—	17	—	—	—	17	—	17
Hydrauliques Urbaines	5	—	5	—	—	—	5	—	5
Batiment Sce. Hydraulique	8	—	8	—	—	—	8	—	8
Projets inter-Etats	5,96	—	5,96	—	—	—	5,96	—	5,96
Projets Pilotes-Ponts-d'Eau	5,90	5,00	10,90	—	5	5	5,90	—	5,90
Aménagements Puits ..	30	40	70	—	40	40	30	—	30
TOTAL	103,86	127,04	230,90	—	87,04	87,04	103,86	40	143,86

3. — **Eaux, Forêts et Chasse**

L'objectif est la protection et la restauration des ressources naturelles, la mise en œuvre d'un programme portant sur le reboisement, la conservation de sols et des eaux, la fourniture de bois pour l'industrie, le bâtiment et le ménage. La réalisation de cet objectif nécessitera dans le secteur pendant la période du Plan un investissement de 500 000 000 de sylis répartis comme suit :

— Monnaie nationale .... 498 800 000 Sylis

— Devises .... 1 200 000 Sylis.

Un financement de 1,2 million est acquis pour l'exécution des 15 projets inscrits.

ACTIONS	COUT TOTAL			FINANC. ACQUIS			FINANC. A CHERCHER		
	Sylis	Devi.	Total	Sylis	Devi.	Total	Sylis	Devi.	T
Plantation d'Essence à bois tendre	20	—	20	—	—	—	20	—	20
Plantation de Benjoin	12	—	12	—	—	—	12	—	12
Aménagements Sylvicoles	20	—	20	—	—	—	20	—	20
Plantations d'Anacardiers	15	—	15	—	—	—	15	—	15
Reverdissement Lieux Saints Islam	5	—	5	—	—	—	5	—	5
Reforestation Bassin du Kokoulo	63,8	1,2	65	—	1,2	1,2	63,8	—	63,8
Pépinières Forestières	20	—	20	—	—	—	20	—	20
Developpement, Gestion Forêts/Ziama ..	50	—	50	—	—	—	50	—	50
Amenagement Bassin Konkoure	70	—	70	—	—	—	70	—	70
Inventaires Forestiers	40	—	40	—	—	—	40	—	40
Protection des Bassins des Grands Fleuves ..	89	—	89	—	—	—	89	—	89
Amenagements Parc Zoologique Kaloum	50	—	50	—	—	—	50	—	50
Exploitations Forestières	20	—	20	—	—	—	20	—	20

Plantation de Bois de feu à Kankan	8	—	8	—	—	—	8	—	8
Lutte contre les animaux nuisibles	16	—	16	—	—	—	16	—	16
TOTAUX	498,8	1,2	500	—	1,2	1,2	498,8	—	498,8

4. — **Météorologie**

L'objectif visé dans le sous-secteur, vu l'importance des données météorologiques dans les activités agricoles, est la réalisation de 3 projets portant essentiellement sur l'équipement et le matériel des différentes stations météorologiques du pays.

Ce programme est évalué à un montant total de 165 434 025 Sylis dont 153 394 355 en monnaie nationale et 12 039 670 en devises.

Le financement acquis est de 2 770 500 Sylis dont 385 500 en monnaie nationale et celui à chercher se chiffre à 162 663 525 Sylis dont 153 008 855 en monnaie nationale.

Tableau de Financement des Projets de Météorologie (en millions de Sylis)

N°	ACTIONS	COUT TOTAL	FINANCEMENT ACQUIS	FINANCECEMNT A chercher
1	Equipement technique des Stat.	97,85762	2,7705	95,08712
2	GUI/75/002 et GUI/82	50,3882	—	50,3882
3	Matériel Roulant	17,1882	—	17,1882
	TOTAL ...	165,434 025	2,7705	162,661 525

5. — **Les Fermes Agro-Pastorales (FAPA)**

L'objectif est la promotion de la production agricole et pastorale, la suppression de l'exode rural. Les tâches retenues dans ce domaine sont :

— L'installation de l'infrastructure d'accueil et de production pour 300 FAPA ;

— L'équipement technique de 87 nouvelles FAPA ;

— La construction et l'équipement des bureaux de l'Inspection générale des FAPA.

Le volume de l'investissement prévu pour le sous-secteur se chiffre à 1 997 000 000 Sylis dont la totalité est en monnaie nationale. Le financement acquis sélève à 30 000 000 Sylis et celui à mobiliser à 1 967 000 000 Sylis.

Tableau de Financement des FAPA (en millions de sylis)

	ACTIONS	TOTAL	COUT MENT ACQUIS	F FINANCE-MENT A CHERCHER
1	Infrastructure de 300 FAPA	1462,5667	30	1 432,5667
2	Equipement de 87 nouvelles FAPA	529,8333	—	529,8333
3	Construction et équipement Inspection Générale	4,600	—	4,600
4	TOTAL = ...	1 997	30	1 967

6. — **Production Agricole**

L'objectif visé est le développement des principales productions :

a) **Cultures Vivrières :**

— Céréales : riz. maïs, mil, sorgho, fonio ;

— Tubercules : manioc, igname, patate, taro, pomme de terre, etc...

— Légumes : haricot, tomate, choux, concombre, laitue, piment, pasthèque, carotte, oignons etc.

b) **Cultures Industrielles et d'Exportation :** tabac, arachide coton, soja, kénaf, canne à sucre, banane, ananas, agrumes café, thé, cacao, palmiste , coco, caoutchouc.

Ce programme concerne 10 actions dont le financement est évalué à 3 380 467 835 Sylis reparti comme suit : 878 120 635 en monnaie nationale et 2 502 347 200 en devises.

Le financement acquis se chiffre à 899 367 000 Sylis dont 758 170 000 en devises et 141 197 000 en monnaie nationale. Quant au financement à rechercher, il totalise 2 481 100 835 Sylis dont 1 744 177 200 en devises et 736 923 635 en monnaie nationale.

L'exécution de ces 10 projets permettra d'impulser la production agricole et d'améliorer notre balance commerciale tout en consolidant les bases des agro-industries existantes.

FINANCEMENT DES ACTIONS DE PRODUCTION AGRICOLE (En Millions de Sylis)

ACTIONS	Coût Total	Financ. acquis	Financ. à chercher	Observation
Développement du Coton	550	409,65	140,35	Assist. CEE
ONADER	408,48	313,48	95,0006	Prêt B.M.
Projet Daboya	5	—	5	Prêt B.M.
SOAGRI	1 240	160	1080	Western Céréals
SAPAL	690	—	690	Agro-progrès
Cultures Maraichères	340,6672	—	340,6672	FAO
Recherches Agronomiques	12,06	—	12,06	
I.N.R.A.F	90	—	90	
Documentation	15,20	10,160035	6,04	FAO
SENASOL	29,06	5,55	23,51	FAO
TOTAUX	3380,467835	899,367035	2 481,100	

7. — **Protection des Végétaux**

L'objectif est d'intensifier sur toute l'étendue du territoire la lutte contre les maladies et les ennemis des plantes cultivées par la mise en œuvre des actions suivantes.

— création de 7 Inspections Phyto-Sanitaires (C.G.R)

— traitement des denrées stockées

— vulgarisation en coopération avec CIBA-GEIGY.

Ce programme est évalué à 157 300 000 Sylis dont 138 300 000 en monnaie nationale et 19 000 000 en devises.

Le financement acquis se chiffre à 14 404 000 Sylis en monnaie nationale. Le financement à chercher s'élève à 142 896 000Sylis dont 123 896 000 en monnaie nationale et 19 000 000 en devises.

Tableau des financements de la protection des Végétaux (en millions de Sylis)

N°	ACTIONS	COUT TOTAL	FINANCE-MENT ACQUIS	FINANCE-MENT A CHERCHER
1	Inspections phyto-sanitaires	144	14,404	129,596
2	Traitement des Denrées stockées	8	—	8
3	Vulgarisation avec CIBA	5,3	—	5, 3
4	TOTAL	157,3	14,404	142,896

8. Artisanat

L'objectif poursuivi est la promotion de l'artisanat par l'implantation dans les CGR d'ateliers artisanaux. Le montant des investissements prévus à cet effet est de 28 898 140 Sylis dont 9 458 140 en monnaie nationale et 19 440 000 en devises. Aucun financement n'a encore été obtenu.

Tableau des investissements prévus dans l'artisanat (millions de Sylis).

ANNEES	SYLIS	DEVISES	TOTAL
1981	2,248 756	10,224	12,472 756
1982	1,763 753	4,608	6,371 753
1983	1,763 753	4,608	6,371 753
1984	2,681 878	—	2,681 686
1985	—	—	—
TOTAL	9,458 14	19,440	28,898 14

Les tableaux récapitulatifs des investissements et des financements prévus pour le quinquennat se présentent par sous-secteur comme suit :

Tableau Récapitulatif des Investissements prévus pour la période du Plan 1981 - 1985 En millions ue Sylis

ACTIONS	COUT TOTAL			FINANC. AQUIS			FINANC. A RECHERC.		
	Sylis	Devis.	Total	Sylis	Devis.	Total	Sylis	Devis.	Total
Aménagements	770,000	1130,000	1900000	—	740,000	740,000	770,000	635,000	1405,000
Ressources en Eaux	103,86	127,04	230,9	—	87,040	87,040	103,86	40	143,86
Eaux, Forêts, Chasse	498,8	1,2	500	—	4,2	4,2	498,8	—	498,8
Météorologie	153,394425	12,0396	1 6 5 , 4 - 34025	383,5	2,387	387,887	153,01092	9,6526	162,66352
F.A.P.A.	1,997	—	1,997	30	—	30	1967	—	1967
Production Agricole	878,120635	2502,3472	3 3 8 0 - ,467833	141,197	758,170	899,367	736,923635	1744,1772	2481,100385
Protection Végétaux	138,3	19	157,3	14,404	—	14,404	138,3	19	157,3
Artisanat	9'45814	19,44	28,89814	—	—	—	9,45814	19,44	28,89816
TOTAUX	4548,9332	3811,0668	8,360	569,101	1588,797	2157,898	3980,122	2222,2698	6202,102

ECHEANCIER DES INVESTISSEMENTS PREVUS POUR LA PERIODE DU PLAN 1981-1985

(en millions de Sylis)

SOUS-SECTEURS	1981	1982	1983	1984	1985	TOTAL		
						Sylis	Devise	TOTAL
Amenagements	730,6564	328,5764	303,4954	275,7064	229,2654	770	1 130	1 900
Ressources en Eaux	62,400	49,3	43,85	40,19	35,16	103,86	127,04	230,9
Eaux, Forêts, Chasse	183,6	109,4	56,4	56,4	95,4	498,8	1,2	500
Météorologie	31,81085	34,955685	35,46445	31,872285	31,024485	153,394425	12,0396	165,434025
F.A.P.A	1142,82665	368,961675	369,961675	56,000	58,25	1 997,000	—	1 997,000
Production Agricole	773,623699	693,496905	786,728	719,636	407,783231	878,120632	2 502,3472	3380,467835
Protection-Végétaux	53,28	43,28	27,28	20,58	12,88	138,3	19,000	157,3
Artisanat	13,903878	6,371753	6,371753	3,681878	—	9,45814	19,44	28,89814
Total	2 990,901,712	1 635,342,418	1 629,549,278	1 204,060,563	869,763,116	4 550,1332	3 809,8668	8 360

Il ressort de ces 2 tableaux les données suivantes :

1° Investissement du secteur .... 8 360 000 000 Sylis
— monnaie nationale .... 4 548 933 200 Sylis (54,41 %)
— devises .... 3 811 066 800 sylis (45,59 %)

2.— Financement acquis .... 2 157 898 000 sylis soit 25,81 % de l'investissement du secteur :
— monnaie nationale .... 569 101 000 sylis (12,51 %) de l'investissement du secteur en monnaie nationale ;
— devises .... 1 588 797 000 sylis soit 41,7 % de l'investissement en devises du secteur ;

3.— Financement à chercher .... 6 202 102 000 Sylis soit 58,3 % de l'investissement en devises du secteur.

DEVELOPPEMENT DU SECTEUR « ELEVAGE ET PECHE »

L'objectif essentiel du Plan Quinquennal 1981-1985 est orienté dans ce secteur vers l'accroissement des productions de viande et de poissons en vue de satisfaire les besoins des populations en protéines animales et de créer un courant d'exportation susceptible de contribuer efficacement à l'amélioration de la balance commerciale du pays. Pour la mise en œuvre de l'ensemble des actions retenues dans le secteur, il a été prévu un investissement de 1 520 000 000 Sylis soit 3,80 % du montant total de l'enveloppe nationale. Cet investissement se répartit comme suit :

— Elevage .... 1 038 800 000 Sylis
— Pêche .... 481 200 000 sylis.

1 —Elevage :

Les précédents plans de developpement ont été axés dans ce domaine sur l'éradication et le contrôle des grandes maladies, l'amélioration des conditions d'alimentation et du potentiel génétique de la race N'Dama.

Les objectifs du sous-secteur pour 1981-1985 sont :

— l'extension sur l'ensemble du pays de la campagne de lutte contre les principales maladies bovines ;

— la rentabilisation des fermes de Ditinn et de Famoïla par la réorientation de leurs activités sur l'exploitation intensive de la race N'Dama ;

— la sélection, la multiplication et l'amélioration de la race N'Dama pour la production de geniteurs destinés à notre élevage et à l'exportation ;

— la fabrication d'aliments complets pour le bétail et la volaille ;

— le développement de l'aviculture.

— l'impulsion de l'apiculture.

La projection des effectifs du cheptel et de la production attendue se présente comme suit à la fin du Plan :

— Bovins 1 738 940
— Ovins 521 777
— Caprins 811 492
— Volailles 10 000 000
— Viande et œufs .... 61 950 t
— Lait .... 33 000 t

Six (6) actions ont été retenues pour un investissement de 1 038 800 000 Sylis repartis comme suit :
— monnaie nationale .... 265 636 500 Sylis
— devises .... 773 163 500 Sylis.

Le financement acquis s'élève à 378 500 000 Sylis en devises et celui à checher à 660 300 000 Sylis dont 265 636 500 en monnaie nationale et 394 663 500 en devises.

Financements des projets d'Elevage(en millions sylis)

N°	ACTIONS	Coût Total	Financement Acquis	Financement à chercher
1	Réorientation des Fermes d'Etat	262,49	—	262,49
2	Impulsion Apiculture...	60	—	60
3	Centre National d'Aviculture	200	—	200
4	Fabrication d'aliments ..	62,169 498	—	62,169 498
5	Sélection-Multiplication N'Dama	49,1 405	28,5	20,6 405
6	Développement de l'Elevage	405	350	550
	TOTAL	1 038,8	378,5	660,30

2. — Pêche

L'objectif est la production au terme du Plan de 150 000 t en vue de satisfaire les besoins en poissons des populations. Cette production attendue permettra de satisfaire la demande intérieure (50 000 t), de dégager une part importante pour la transformation industrielle (50 000 t) et l'exportation (50 000 t).

Les investissements prévus pour le secteur se chiffrent à 481 200 000 Sylis dont 112 600 000 en monnaie nationale et 368 600 000 en devises.

Le financement acquis est de 147 500 000 Sylis dont 143 500 000 en devises et 4 000 000 en monnaie nationale.

Le financement à rechercher est de 333 700 000 Sylis dont 225 100 000 en devises et 108 600 000 en monnais nationale.

La nomenclature des projets et leurs financements projétés se présentent comme suit :

- Tableau : **de Financement des projets de pêche (en millions de Sylis)**

N°	ACTIONS	Coût Total	Finance-ment Acquis	Finance-ment à chercher
1	Amélioration et extension des infrastructures de Fumage	40	—	40
2	Extension des facilités de stockage et congelation	100,9	—	100,9
3	Renouvellement du Parc Auto	80	—	80
4	Construction Direction Générale OPEMA	4	4	—
5	Construction Direction Générale Pêche	5	2	3
6	Implantation des 7 Centres communautaires de Pêche	193,1	135,5	57,6
7	Acquisition de 8 Unités de pêche côtière..................	52,2	—	52,2
8	Etudes pour la construction du Port pêche.................	6	6	—
	TOTAL	481,2	147,5	333,7

Le tableau récapitulatif des financements prévus dans le secteur de l'Elevage et de la pêche se présente comme suit :

N°	SOUS-SECTEUR	Coût Total	Finance-ment Acquis	Finance-ment à chercher
1	Elevage	1 038,8	378,5	660,30
2	Pêche	481,2	147,5	333, 7
	TOTAL	1 520	526	994

Il ressort de ce tableau les données suivantes :

1. — Investissement du secteur ..... 1 520 000 000 Sylis
— monnaie nationale ..... 378 236 500 Sylis (24,85 %)
— devises.............. 1 141 763 500 Sylis (75,15 %)

2. — Financement acquis .... 526 000 000 Sylis
soit 34,60 % de l'investissement du secteur

— monnaie nationale 4 000 000
soit 1,05 % de l'investissement du secteur

— devises 522 000 000
soit 45,71 % de l'investissement du secteur.

3. — Financement à chercher .... 994 000 000 Sylis
soit 65,40 % de l'investissement du secteur :

— monnaie nationale................... 374 236 500
soit 98,95 % de l'investissement en monnaie nationale du secteur

— devises 619 763 500
soit 54,29 % de l'investissement en devises du secteur.

DEVELOPPEMENT DU SECTEUR DE L'INDUSTRIE

I. — OBJECTIFS ET STRATEGIE

L'industrie manufacturière devra croître d'au moins 8 % l'an pour contribuer à assurer un taux d'accroissement moyen annuel du PIB de 5 %.

Dans ce secteur, un accent sera mis sur l'amélioration de la gestion, l'utilisation des capacités installées et la rénovation des unités existantes.

Le développement des industries alimentaires, celles du textile, des matériaux de construction, les industries mécaniques et forestières permettront la valorisation des matières premières locales et la création de nouveaux emplois industriels.

Les mesures d'incitation, d'encouragement et de soutien seront prises pour favoriser le développement de la petite et moyenne entreprises.(cf. Directives du Camarade Responsable Suprême de la Révolution.)

La Stratégie adoptée pour atteindre ces objectifs consiste en :

a) la rénovation et/ou l'extension des industries existantes ;

b) la poursuite et l'achèvement des actions en cours d'exécution ;

c) la création de petites et moyennes entreprises utilisant des matières premières locales, favorisant l'interpénétration des activités agricoles et industrielles pour une élévation du niveau de vie des populations rurales et la création favorable au développment de nos échanges avec le marché extérieur.

II. — INVESTISSEMENTS

a) **Investissements Publics**

Une enveloppe minimale de 4 560 000 000 de Sylis est prévue au secteur industriel pour la poursuite et l'achèvement des actions en cours et la réalisation de nouvelles actions.

Cet investissement minimum se répartit comme l'indique le tableau ci-après :

Sous-Secteurs	Montant	%
Industries agricoles et alimentaires	837 979 216	18,37
Industries manufacturières non alimentaires	326 833 125	7,17
Industries matériaux de construction	1 042 645 258	22,87
Industries mécaniques	77 745 578	1,70
Industries chimiques	1 728 932 999	37,92
Industries textile et cuir	521 190 824	11,43
Industries de bois, papier et plastique	24 673 000	0,54
TOTAL	4 560 000 000	100 000 %

b) **Investissements à réaliser dans le cadre des Sociétés d'Economie mixte.**

Au titre des six (6) Sociétés mixtes déjà créées au niveau de l'industrie un investissement d'un montant de 547 318 836 Sylis, se répartissant comme suit :

DESIGNATION DES PROJETS	INVESTISSEMENT A PREVOIR DANS LE PLAN		
	Sylis	Devises	TOTAL
SALGUIDIA	3 520 000	97 375 600	100 895 608
SOPROCIMENT	4 340 216	94 417 400	98 757 616
SOGUILUBE	16 195 000	36 430	52 625 000
SOPEC	4 081 000	36 729 000	40 810 000
SOGIF	24 673 000	222 057 000	246 730 000
Etudes du Complexe industriel de construction métallique	—	7 500 000	7 500 000
TOTAL.........	52 809 216	494 509 020	547 318 236

est à inscrire en addition à l'enveloppe minimale d'investissement public.

Ce qui porte à 5 107 318 236 Sylis le montant des investissements public et mixte prévu pour le secteur industriel comme l'indique le tableau ci-après :

DESIGNATION DES PROJETS	INVESTISSEMENT A PREVOIR DANS LE PLAN		
	Sylis	Devises	TOTAL
I. — **Investissements Publics :**			
A. — Rénovation et/ extension en cours	364 382 199	761 185 317	1 125 567 516
B. — Nouvelles unités industrielles en cours de réalisation	393 926 724	517 994 427	911 921 151
C. — Rénovation et/ou extension à entreprendre ...	192 821 710	1 443 800 144	1 636 621 854
D. — Nouvelles unités industrielles à entreprendre.	83 764 297	802 125 182	885 889 479
S/TOTAL I : Investissements Publics	1 034 894 930	3 525 105 070	4 560 000 000
II. — **Investissements mixtes**	52 809 216	494 509 020	547 318 236
Total Général (I + II)	1 087 704 146	4 019 614 090	5 107 318 236

III. — FINANCEMENT

a) Financement des investissements publics

Pour la réalisation du programme minimal d'investissement de 4 560 000 000 de Sylis le financement à chercher se chiffre à 2 828 131 629 Sylis dont :

— monnaie nationale .... 951 425 242 Sylis
— devises étrangères .... 1 876 706 387 Sylis.

b) Financement des investissements mixtes

Dans le cadre des six (6) Sociétés d'Economie mixte déjà créées au niveau de l'industrie, les financements en devises d'un montant de 494 509 020 Sylis sont déjà acquis. Il reste à mobiliser au cours du quinquennat un montant de 52 809 216 Sylis comme participation publique aux sociétés mixtes.

DEVELOPPEMENT DU SECTEUR DE L'ENERGIE.

Les objectifs du secteur Energie durant le quinquennat sont :

— la rénovation et l'extention des systèmes de production, de distribution d'électricité et d'eau dans les principales villes du pays et ;

— la réalisation du complexe hydro-électrique de SOUAPITI.

La stratégie adoptée pour la réalisation de ce programme porte sur le renforcement et l'extention des installations.

Le renforcement des installations concerne :

a) **pour les villes de Conakry et Kindia**

— la remise en état des groupes des gandes chutes et de Donkéa ;

— la révision du système de transport Haute, Moyenne et Basse tension ;

— la révision des groupes thermiques MAN et GM de la centrale de Tombo ;

— la création d'un centre de perfectionnement technique pour le personnel exploitant de la SNE ;

b) **pour les barrages de Kinkon et Tinkisso**

— l'édification d'un barrage d'appoint de 70 millions de m^3 en amont de l'actuel barrage de Kinkon,

— le recurage du bassin et la réalisation en amont de l'actuel barrage de Tinkisso, d'une digue qui jouera le rôle d'appoint en eau ;

c) **pour les villes de l'intérieur**

— leur dotation en groupes thermiques, et

— les adductions d'eau.

Au titre de l'extension des installations il est prévu

— un début de réalisation des projets intégrés du Konkouré ;

— la réalisation du barrage hydro-électrique de Kamarato ;

— l'étude de la réalisation des projets de barrages sur le Diani et le Niandan,

— l'exploitation des énergies nouvelles (solaire, éolienne, biogaz).

Pour la réalisation de ces objectifs, onze (11) actions ont été retenues nécessitant un financement de 2 660 000 000 de Sylis dont l'équivalent de 2 305 584 Sylis en divises. En plus de cette enveloppe, le secteur de l'Energie a obtenu un financement supplémentaire de 689 000 000 Sylis en devises pour la réalisation de l'étude et de l'électrification de 10 Villes avec la KFW.

L'apport du Gouvernement pour la réalisation de cette action se chiffre à 179 300 000 Sylis à chercher. Le financement des projets retenus dans le cadre de l'enveloppe minimale de 2 660 000 000 de Sylis se répartit comme suit :

Tableau récapitulatif des financements des projets inscrits au Plan. (en milliers de sylis)

Désignation des Projets	Coût Total	Financement Acquis	Financement A chercher
Adduction Eau Conakry ..	432 000	376 000	56 000
Adduction Eau Faranah ...	206 000	196 300	9 700
Assainissement Ville de Conakry	300 000	240 000	60 000
Adduction Eau 6 Villes	42 000	32 000	10 000
Recherches Eaux souterraines	33 551	—	33 551
Extension Centrale Diesel N'Zérékoré	22 400	17 900	4 500
Extension Réseau Kankan .	126 011	114 663	11 348
Extension Réseau Conakry	1 300 000	1 185 000	115 000
Electrification Forécariah-Dubréka	82 000	73 000	9 000
Electrification Télimélé-Lélouma	79 038	46 958	32 080
Energie nouvelle (Biomasse)	37 000	36 000	1 000
TOTAL	2 660 000	2 317 821	342 179

DEVELOPPEMENT DU SECTEUR MINIER

Un taux de croissance annuel moyen d'au moins 8 % est fixé comme objectif à l'industrie minière au cours du quinquennat.

Dans ce secteur, l'action au cours du Plan visera en premier lieu l'augmentation de la production des unités existantes, la diversification de la production minière et la préparation de la phase de l'industrie de transformation.

« Une importance particulière est accordée à la réalisation de l'usine d'électrolyse d'aluminium qui devra rentabiliser la production électrique du Konkouré.

La mise en valeur des gisements de bauxite, du minerai de fer du Nimba, la recherche et l'exploitation de l'Or, du Diamant, de l'Uranium et du Pétrole » constituent des objectifs importants assignés au secteur au cours du quinquennat.

Au terme du Plan la projection de la production du secteur minier se présente comme suit.

	Désignation	Quantité
1.	Bauxite (en milliers de tonne)	59 395
2.	Alumine (en milliers de tonne)	3 400
3.	Diamant (en milliers de carats)	2 710
4.	Granite (en milliers de m^3)	590

Quant à l'apport prévisionnel en devises du secteur minier, il est estimé à 23 234 213 000 Sylis.

La stratégie consistera à intensifier l'exploitation des ressources minières à grand rendement en devises étrangères de manière à accroître notablement les ressources financières de l'Etat.

1. — **Investissements Publics**

Un Investissement de 3 040 Millions de sylis est prévu pour ce secteur pour la réalisation de ses actions prioritaires.

La répartition de cet investissement se présente comme suit :
(en Milliers de sylis)

DESIGNATION DES PROJETS	INVESTISSEMENT A PREVOIR DANS LE PLAN		
	Sylis	Devises	TOTAL
1. O.B.K.	158 400	369 600	528 000
2. Constructions	375 750	876 750	1 252 500
3. Recherches Minières	89 976	744 784	834 760
4. Prospections Minières ..	2 100	11 900	14 000
5. Matériel de recherche ...	—	32 112	32 112
6. Transguinéen (Etude) ...	108 000	242 00	350 000
7. Réserves	18 628	10 000	28 628
TOTAL	752 854	2 287 146	3 040 000

2. — **Investissements à réaliser dans le secteur mixte**

Au titre du secteur mixte, un montant de 4 680 469 000 Sylis se répartissent comme suit (en Milliers de sylis).

Désignation des Projets	COUT TOTAL		
	Sylis	Devises	TOTAL
1. Extension Usine bauxite calcinée	7 673	306 912	314 585
2. Projet Uranium	253 202	1 012 810	1 266 012
3. Projet Diamant	976 966	1 662 538	2 639 504
4. Granit noir	69 055	391 313	460 368
TOTAL	1 306 896	3 373 573	4 680 469

st à inscrire en addition à l'enveloppe minimale d'investissement public. Ce qui porte à 7 720 469 000 Sylis le volume des investissements public et mixte pour le secteur minier.

a) **Financement Public**

Le montant est à chercher et à mobiliser pour son ensemble.

b) **Financement secteur mixte**

Pour un investisement de 4 680 469 000 Sylis un montant de 3 219 190 000 Sylis est acquis au titre de l'extension de l'usine de bauxite calcinée, des projets Uranium, Diamant, Granit noir.

DEVELOPPEMENT DU SECTEUR DES TRAVAUX PUBLICS

Les objectifs assignés à ce secteur sont :

— la construction, la réhabilitation et l'entretien du réseau routier national avec ses ponts et bacs fluviaux pour le faire passer de 14 000 Km actuellement à 30 000 Km à la fin du Plan ;

— la construction, reconstruction et entretien des voies et réseaux divers des villes ;

— la confection de la Carte de base à l'échelle de 1/50 000 et des cartes thématiques pour les besoins nationaux ainsi que les travaux généraux d'études devant servir de support à tout projet sur l'étendue du territoire national.

La stratégie de développement du secteur des travaux publics s'appuie sur l'aménagement, l'extension et le renforcement du réseau routier, élément essentiel des transports routiers, permettant la desserte des communautés rurales même les plus éloignées.

Elle consiste à adapter en permanence les travaux publics à l'évolution des besoins en suivant la politique de décentralisation et de transfert du centre d'intérêt de l'activité économique de la capitale vers l'intérieur.

La mise en œuvre de cette stratégie s'effectue dans le cadre des moyens et institutions propres à l'Etat auxquels vient s'ajouter l'apport de la coopération internationale.

A. — ACTIONS COURS DE REALISATION

(en milliers de Sylis)

	Désignation des Projets	Coût Total	Financement Acquis	Financement à chercher
1	IIe Projet Routier.....	456 603,02	88 696,96	367 906,06
2	Equipement et Bitume .	120 000	—	120 000
3	Etude de factibilité (560 Km)	3 020	—	3 020
4	Infrastructure des Subdivisions	2 000	—	2 000
5	Construction de 253 de Ponts	44 528	—	44 528
6	Projet Catographique Guinéo-Japonais	14 635,67	—	14 635,67
7	Construction Usine de Panneaux de Signal	21 615,90	—	21 615,90
	TOTAL A	662 402,59	88 696,96	573 705,63

B. — NOUVELLES ACTIONS

(en milliers de Sylis)

	Désignation des Projets	Cout Total	Financement acquis	Financement A chercher
	Report A		88 696,96	
	I. — D.G.P.C.			
1	Equipement et Produits Hydraucarbonés	500 000	—	500 000
2	Etude de Factibilité de 410 Km	9 497,10	—	9 497,10
3	Etudes techniques détaillées de 820 Km	49 200	—	49 200
4	Amélioration de 1 45 Km de route	211 650	—	211 650
5	Construction de 357 m² de Ponts	57 904	—	57 904
6	. Projet Routier	87 777,86	—	87 777,86

	II. — D.G. VOIES URB.			
7	Equipement	56 481,70	—	56 481,70
8	Etudes de Préinvestissement	36 000	—	36 000
9	Construction Routière	300 000	—	300 000
10	Amélioration routière .	262 453,30	—	262 453,30
11	Infrastructure de la Direction Générale Voies Urb	10 065	—	10 065
	III. - Int. Géograph. Nle			
12	Laboratoire de Cartographie	48 000	—	48 000
13	Projet Cartographie Guinéo-Français	147 000	—	147 000
14	Trav. Topographie de base	50 864,33	—	50 864,33
	IV. — D.G.C.E.R.			
15	Importation de Matières Matériel et Equipement	82 382,33	—	82 382,33
	V. — B.E.T.E.R.			
16.	Equipement et Matériel Didactique	26 600	—	26 600
	TOTAL B	1 935 875,6	—	1 935 875,6
	TOTAL A + B ...	2 598 278,21	88 696,96	2 509 581,25
	Divers.............	61 721,79	—	61 721,79
	Total Général	2 660 000	88 696,96	2 571 303,04

DEVELOPPEMENT DE L'HABITAT ET URBANISME

I. — Les objectifs à atteindre dans ce secteur sont :

— urbaniser les principales villes du pays par l'aménagement des sites (voieries, eau, électricité) ;

— réaliser des logements aux coûts économiques et à loyers modérés ;

— mettre à jour et appliquer le code domanial et la règlementation en matière d'urbanisme ;

— mettre en place les structures de gestion des unités immobilières existantes ou à créer ;

— encourager la création de brigades et coopératives de bâtiments pour l'exécution des actions financées à partir des ressources locales.

II. — Stratégie de mise en œuvre

— L'urbanisme et l'habitat seront intégrés de manière à obtenir, pour les cités et les villes retenues, un développement harmonieux faisant du lotissement, de l'aménagement et de la construction des bâtiments, voies et réseaux divers, un tout indivisible.

— Création à Conakry et dans les villes sièges des CGR de Sociétés d'Etat de construction et de gestion immobilière.

— Création de Sociétés mixtes de construction de logements et d'édifices : publics, sociaux, industriels, agricoles, etc...

III. — Programme d'action à réaliser

1. — Elaboration du schéma d'urbanisme pour Conakry et les villes sièges des Commissariats Généraux de la Révolution :

— photographie aérienne à l'échelle de 1/10.000 et restitution à 1/5.000 d'une superficie totale de 560 Km^2 répartie entre les villes de Conakry, Kindia, Boké, Labé, Faranah, Kankan et N'Zérékoré ;

— plan topographique à l'échelle de 1/2000 d'une superficie de 35 Km^2 dans la ville de Conakry et ses environs :

— plans directeurs des villes de Kindia, Faranah, Kankan, N'Zérékoré, Labé pour une superficie totale de 500 Km^2.

2. — Aménagement des zones marécageuses de Conakry : Coronthie, Bonfi, Dixinn, Taouyah, et les bordures de mer.

3. — Création des infrastructures socio-communautaires en relation avec les programmes de l'Habitat.

4. — Equipement des services d'urbanismes de toutes les Régions Administratives du pays.

5. — Réalisation d'un programme de 10 000 logements au rythme de 2000 logements par an conformément au tableau ci-après:

VILLES	Nombres de logements pour les 5 ans	Nombre de logements par An	Observations
Conakry	7 500	1 500	
Coyah	100	20	
Boké	300	60	
Kindia	400	80	
Labé	300	60	
Faranah	400	80	
Kankan	500	100	
N'Zérékoré	500	100	
TOTAL	10 000	2 000	

RECAPITULATION DES INVESTISSEMENTS ET FINANCEMENTS (en millions de Sylis)

Logements à Construire à partir de l'enveloppe minimale définie pour le secteur		Cout Estimatif	Finance. acquis	Financement à chercher
Localisation	Nombres	TOTAL	TOTAL	TOTAL
I. — Construction				
Conakry (Projet				
Sangoyah	530	673,10	500	173,10
Kankan	139	176,53	—	176,53
N'Zérékoré	139	176,53	—	176,53
Faranah	111	140,97	—	140,97
Kindia	111	140,97	—	140,97
Labé	83	105,41	—	105,41
Boké	83	105,41	—	105,41
Sous total I	1 196	1 518,920	500	1 018,92
II. — Urbanisation ...		1,080	—	1,080
Total Général	1 196	1 520,00	500	1 020,00

1. — Le projet de Sangoyah de 500 logements dont le financement est déjà négocié.

2. — Le programme complémentaire retenu en annexe sera exécuté dès que le financement sera trouvé.

DEVELOPPEMENT DU SECTEUR DES TRANSPORTS

Les objectifs assignés au secteur des Transports sont la modernisation et l'intégration des différents types de transports en vue d'assurer en sécurité, dans les meilleurs délais et à moindre coût, les mouvements des personnes et des marchandises.

Pour la réalisation de ces objectifs, il a été prévu un investissement de 760 000 000 de Sylis se répartissant comme suit (en milliers de Sylis) :

DESIGNATION DES PROJETS	Investissement	Finance. Acquis	Financement à chercher
I. — TRANSPORTS AERIENS			
1. Aviation Civile			
— Construction 1 bloc administratif et acquisition de 10 R. Balises	11 000	9 808	1 192
— Construction et restauration d'aérogares	187.000	—	187 000
2. Air Guinée			
— Achèvement et réaménagement de bâtiments et du parc	15 500	—	15 500
— Construction de bâtiments	25 000	—	25 000
— Equipements	13 000	—	13 000
— Formation et surformation du personnel	7 300	—	7 300
II. — TRANSPORTS MARITIMES			
1. Office Maritime			
— Construction et rénovation d'infrastructures	98 283	—	98 283
— Equipements	23 317	—	23 317
2. ENTRAT : Equipements	83 600	—	83 600
3. Société Navale Guinéenne : Construction d'un bâtiment administratif	4 960	—	4 960
4. **Administration Générale du Port :**			

Construction d'un bâtiment administratif	4 960	—	4 960
5. **Marine Marchande**			
Construction d'un bâtiment administratif	3 000	—	3 000
III. — TRANSPORTS FERROVIAIRES			
— Infrastructures	100959100	—	100959100
— Entretien d'un bâtiment administratif	8 799,500	—	8 799,500
Formation et surformation du personnel	6 195,950	—	6 195,950
IV. — TRANSPORTS ROUTIERS			
— Equipement	74 045,450	—	74 045,450
— Renouvellement du parc	80 000	—	80 000
— Aménagement d'un garage central	11 200	—	11 200
TOTAL	760 000	9 808	750 192

DEVELOPPEMENT DU SECTEUR DES POSTES ET TELECOMMUNICATIONS.

Les objectifs du secteur des Télécommunications au cours du Plan Quinquennal sont :

1. — la normalisation et l'extension des réseaux téléphoniques ;

2. — l'interconnexion des agglomérations du pays à travers le réseau national des faisceaux hertziens ;

3. — l'interconnexion du réseau national de notre pays avec ceux des Etats voisins ;

4. — l'amélioration et l'extension du réseau de Radiodiffusion et de Télévision ;

5. — l'introduction de la téléphonie dans les zones rurales du pays.

Pour la réalisation de ces objectifs, il a été prévu un investissement de 760 000 000 de sylis se répartissant comme suit :

(en millions de Sylis)

	Désignation des Projets	Cout Total	Financement acquis	Financement à chercher
1	Centraux et réseaux téléphoniques pour les chefs lieux des CGR			
	Centre et transit national-international .	99,400	89,200	10,200
2	Réseau National de Transmission par Faisceaux Hertziens	266	200	66
3	Centre de Réémission Labé (Radiodiffusion)	0,1	—	0,1
4	Extension réseaux câbles de Conakry et Kankan extension Centrale Kankan....	38	—	38
5	Centrale Télex Conakry..............	0,5	—	0,5
6	Maintenance du réseau de télécommunications	20	—	20
7	Centraux et Réseaux pour 26 Villes de l'intérieur	164	—	164
8	Téléphonie rurale (Faisceaux Hertziens)	12	—	12
9	Bâtiments techniques................	45	—	45
10	Radio-communications :			
	— équipements divers			
	— centre d'écoute et de contrôle	11	—	11
	— station côtière Conakry			
11	Climatisation......................	6	—	6
12	Emetteurs ondes moyennes : Kankan, N'Zérékoré, Boké et Faranah	84	—	84
	Emetteurs ondes courtes : Kipé et Sonfonia			
13	Raccordement du pays au câble sous-marin (câble de l'Amitié)	12	—	12
14	Equipements Postaux	2	—	2
	TOTAL	760	289,200	4 70,8

DEVELOPPEMENT DU SECTEUR DU COMMERCE

Les secteurs du commerce intérieur et du commerce extérieur se fixent les objectifs suivants au cours du Plan de Développement Economique et Social 1981-1985:

1. — assurer une distribution rationnelle et un stockage adéquat des produits stratégiques ;

2. — améliorer l'infrastructure et l'équipement des unités des secteurs.

Un investissement d'un montant de 190 000 000 de Sylis est prévu pour le Commerce Intérieur et pour le Commerce Extérieur un investissement d'un montant de 380 000 000 de Sylis.

La répartition de ces investissements se fait comme suit :

COMMERCE INTÉRIEUR

	DESIGNATION DES PROJETS	Coût Total	Finance. acquis	Financement à chercher
1	Achèvement des magasins de stockage des ERC	5 000 000	—	5 000 000
2	Achèvement blocs administratifs DRC	2 000 000	—	2 000 000
3	Achèvement bloc administratif Bâtiport	1 123 809	—	1 123 809
4	Magasin de stockage alimag.	1 764 110	—	1 764 110
5	Magasin de stockage Soguilec	2 045 248	—	2 045 248
6	Magas. de stocka. Semapc	1 764 110	—	1 764 110
7	Magasin ERCOA Boké ...	915 568	—	915 568
8	Dépôt Hydrocarbures Faranah, N'Zérékoré	29 432 178	—	29 432 178
9	Moyens de transports (ONAH)	93 000 000	—	93 000 000
10	Matériel de distribution (ONAH)	8 590 490	—	8 590 490
11	Cuve de 200 00 l (ALIDI) .	9 650 000	—	9 650 000
12	Infrastructure des ERCOA	15 677 955	—	15 677 955
12	Bloc Administ. SONIPE ..	3 850 000	—	3 850 000
14	Moyens de transports pour ERCOA	8 000 000	—	8 000 000
15	Hydrovente-Conakry (2 Stations)	1 092 750	—	1 092 750

16	Dépôts Pharmaceutiques des CGR	5 506 734	—	5 506 734
17	Annexes Bloc Ministère C. Intérieur	390 138	—	390 138
	TOTAL	189 803 090	—	189 803 090

COMMERCE EXTERIEUR

DESIGNATIONS DES PROJETS	Coût Total	Financ. acquis	Financement à chercher
1. Consolidation des Acquis			
— Achèvement du bâtiment du Cabi.	2 684 446	—	2 684 446
— Construction Centre de traitement et de Calibrage du café à Proséco	27 277 027	—	27 277 027
— Construction magasin de stockage de tourteaux d'arachide à Prominex	1 690 006	—	1 690 006
— Construction Centres de Conditionnement à Fruitex	10 000 000	—	10 000 000
II. Actions Nouvelles :			
— Réalisation au Cabinet du Centre Guinéen du Com. Ext. (Banque)	4 500 000	—	4 500 000
— Construction de magasins de stockage pour les marchandises importées	300 000 000	—	300 000 000
— Construction de centres d'ach. de magasins de stockage, d'aires de séchage et d'installation d'engins de de décorticage par Proséco	2 890 000	—	2 890 000
Achat de 2 Camions de gros tonnage	2 000 000	—	2 000 000
— Construction de 2 magasins pour le stockage de peaux, de jus et l'installation de leur équipement de climatisation (Prominex)	7 250 000	—	7 250 000
— Construction d'un entrepot frigorifique par Fruitex	7 372 348	—	7 372 348
— 2 magasins de stockage d'emballage	5 000 000	—	5 000 000
— Achat d'un container frigorifique	6 186 173	—	6 186 173
— Achat de 3 Camions	3 000 000	—	3 000 000
— Achat machines triage (Proséco)	150 000	—	150 000
Totaux	380 000 000	—	380 000 000

DEVELOPPEMENT DU SECTEUR DES BANQUES ET ASSURANCES

Le secteur Bancaire se fixe les objectifs suivants :

1. — l'amélioration notable des services et prestations ;

2. — assurer une plus grande sécurité des fonds ;

3. — l'augmentation du rendement par le perfectionnement du personnel ;

4. — la mécanisation et l'automatisation des opérations.

Pour la réalisation de ces objectifs, il a été prévu un investissement de 190 000 000 de Sylis se répartissant comme suit :

DESIGNATION DES PROJETS	COUT TOTAL		
	Sylis	Devises	TOTAL
1 Achèvement des Scsales	5 778 351	—	5 778 351
2 Aménagement et refection des locaux	5 574 200	7 869 800	13 444 000
3 Construction des Scsales	27 176 394	—	27 176 394
4 Construction et extension des locaux	48 927 075	4 472 460	53 399 535
5 Equipements	26 560 820	63 640 900	90 201 720
Total	114 016 840	75 983 160	190 000 000

DEVELOPPEMENT DU SECTEUR DE L'EDUCATION ET DE LA CULTURE

La politique de l'enseignement en République Populaire Révolutionnaire de Guinée redéfinie par le 11e Congrès et dont l'application fut entamée par la Conférence Nationale des Cadres de l'Education de 1980, se réalisera au cours du quinquenat à travers les objectifs ci-après :

— élévation du niveau culturel et scientifique du Peuple par la dynamisation de l'alphabétisation des masses, la qualification de l'enseignement technique et scientifique et le perfectionnement du corps enseignant ;

— augmentation du taux de scolarisation ;

— réduction du déséquilibre existant entre la formation des cadres supérieurs, moyens et ouvriers ;

— amélioration de l'infrastructure et de l'équipement scolaires.

La projection des effectifs et des sortants se présente comme suit :

Enseignement Pré-Universitaire
Elèves

CYCLES ET ECOLES PROFESSIONNELLES	1981	1985
1er Cycle	278 540	351 638
2e Cycle	62 290	80 959
3e Cycle	33 400	39 740
E.N.I.	3 386	4 136
I.P.S.	3 600	4 858
Ecoles Secondaires de la Santé	760	1.560

Enseignement Supérieur
ETUDIANTS

FACULTES	1981	1985
— Facultés des sciences Techniques (Géomines PTT, Mécanique (Electrotechnique et G.C.)	787	575
— Faculté des Sciences Médicales (Pharmacie, Médecine)	758	460
— Faculté des Sciences Administratives et Juridiques	1 944	750
— Faculté des Sces Sociales, de la Nature	1 316	2 000
— Faculté d'Agro-zootechnie	10 900	5 200

Projection des sortants :

1° Ecoles Professionnelles

ECOLES	1981	1985	TOTAL
E.N.I.	513	513	2 877
I.P.S.	361	490	2 164
Ecoles Secondaires de la Santé	97	206	760

2° Facultés 1er et 2e dégré.

FACULTES	TOTAL (1981/85)
Faculté des Sciences Techniques	1 006
Facultés des Sciences Médicales	822
Facultés des Sciences Administ. et Juridiques ..	2 681
Facultés des Sciences Sociales et de la Nature ...	1 258
Facultés des Sciences Agro-Zootechniques	13 300

La stratégie envisagée pour atteindre les objectifs précités portera sur :

a) une extension continue des 1e et 2e Cycles particulièrement en ce qui concerne la scolarisation des filles ;

b) une extension modérée du 3e Cycle et le développement de la formation professionnelle ;

c) la création des filières professionnelles courtes ouvertes aux sortants du 2e Cycle.

Pour la réalisation des objectifs cités, il est prévu :

un investissement de 1 330 Millions de Sylis dans l'enseignement Pré-universitaire et 380 Millions de Sylis dans l'Enseignement Supérieur. Ces investissements se répartissent comme l'indiquent les tableaux suivants :

A. — **Enseignement Supérieur**

(en Millions de sylis)

(en millions de sylis)

DESIGNATIONS DES PROJETS	COUT TOTAL	Financ. acquis	Financ. à chercher
— Réfection et équipement de l'IPGAN et IPK	218,96	218,96	—
— Premier Projet Education	15	—	15
— Laboratoires Facultés 1er et 2e dégrés	30	—	30
— Faculté Géo-Mines de Boké	6,5	—	6,5
— Faculté des Sciences Techniques	13	—	13
— Ecole Normale Supérieure	15	—	15
— Ceper mag.	15	—	15
— Faculté de Médecine	5	—	5
— Faculté des P.T.T.	1	—	1
— Faculté des Sciences Administratives	5	—	5
— Imprimerie de l'Education	3	—	3
— Académie des Langues	4	—	4
— Institut Nénékhaly Condetto	5	—	5
— CIFAM	10	—	15
— Facultés Centres de recherches (Ditinn et Famoïla)	16,750	—	16,750
— Recherches Scientifiques	9	—	9
— Divers	7,790	—	7,790
TOTAL	380	218,96	161,040

Sur le financement prévu de 380 Millions de Sylis 218,96 Millions sont acquis (soit 65,78 %) et 161,040 Millions à chercher dont 10 Millions en devises.

B. — **Enseignement Pré-Universitaire :**

Le montant global prévu est de 1 330 000 000 de sylis se répartissant comme suit :

DESIGNATION DES PROJETS	Cout Total	Finan-cement acquis	Financement à chercher
— Inspection d'Academie de Boké et Faranah	8 000 000	—	8 000 000
— Directions Régionales Education	20 000 000	—	20 000 000
— Ecole de Secrétariat	3 500 000	—	3 500 000
— Ecoles Secondaires de Santé	22 000 000	—	22 000 000
— E.N.I.	236 000 000	—	236 000 000
— Centres Régionaux de Documentation	161 000 000	—	161 000 000
— IPS Industriels et artisanaux	214 772 558	—	214 772 558
— IPS agro-pastoraux	126 000 000	—	126 000 000
— Centre de Recyclage	55 000 000	—	55 000 000
— Institut Pédagogique National	85 000 000	—	85 000 000
— Laboratoires CER 2e et 3e Cycles	322 000 000	—	322 000 000
— Divers	76 727 442	—	76 727 442
Total	1 330 000 000	—	1 330 000 000

L'ensemble des investissements prévus sont à chercher au cours du Plan soit 1 330 000 000 de Sylis dont 540 410 550 Sylis en devises.

DEVELOPPEMENT DU SECTEUR DE LA JEUNESSE DES ARTS ET DES SPORTS

L'objectif du secteur est d'améliorer l'infrastructure, l'équipement dans le domaine des Arts et des Sports par la modernisation et l'extension des infrastructures existantes, ainsi que la formation et le perfectionnement du personnel d'encadrement. Un investissement de 190 Millions de sylis est prévu à cet effet et se répartit comme suit :

N°	NATURE DE L'INVESTISSEMENT	INVESTISSEMENT PREVU		
		Sylis	Devises	TOTAL
1	Electrification du Stade du 28 Septembre	—	4 000 000	4 000 000

-	Extension et modernisation du Stade du 28 Septembre	3 000 000	50 000 000	53 000 000
3	Construction et équipement du siège du C.G. Jeunesse, Arts et Sports	10 000 000	—	10 000 000
4	Construction immeuble à 3 étages pour hôtel de la Jeunesse	19 000 000	—	19 000 000
5	Achat matériel roulant	6 000 000	—	6 000 000
6	Création et équipement du Complexe National des Arts et de la Culture	—	8 000 000	8 000 000
7	Construction d'un Centre National d'Education Physique	—	10 000 000	10 000 000
8	Amélioration stades Omnisports des CGR	70 000 000	—	70 000 000
9	Formation des cadres	10 000 000	—	10 000 000
	TOTAL	118 000 000	72 000 000	190 000 000

DEVELOPPEMENT DU SECTEUR DE L'INFORMATION

Les objectifs à atteindre au cours du quinquennat dans le secteur de l'Information se présentent comme suit :

— **Dans le domaine de la Radiodiffussion-Télévision :** Amélioration des conditions de réception par la modernisation graduelle du matériel, la construction d'un studio d'enregistrement (commun à la Radio, la Télévision et à Syliphone) et d'un atelier de maintenance.

— **Dans le domaine de l'Imprimerie :** Extension des activités de l'Imprimerie du 2 Août aux revues illustrées et autres brochures par l'achèvement de la nouvelle Imprimerie ; amélioration de la qualité des imprimés au niveau de l'Imprimerie Patrice Lumumba par l'implantation de studios de photo composition et la modernisation de la reliure.

— **Dans le domaine de la Presse :** Doter le Parti-Etat d'une grande presse diversifiée et ponctuelle.

— **Dans le domaine de Syliphone :** Construction d'une usine de pressage de disques et cassettes, d'un atelier de montage de recepteurs TV et Radio, et d'un immeuble.

Dans le domaine de l'Hôtelerie : Achèvement, rénovation et construction d'établissements hôteliers et aménagement de sites touristiques.

Dans le domaine du Cinéma : Achèvement de l'équipement d'un laboratoire de films et rénovation de salles de projection.

Pour atteindre les objectifs ci-dessus, le montant total des investissements prévus est de 380 000 000 de Sylis se répartissant comme suit :

DESIGNATION DES PROJETS	COÛT TOTAL			FINANCEMENT A CHERCHER		
	Sylis	Devises	Total	Sylis	Devises	Total
Radiodiffusion-Télévision	—	42 000	42 000	—	42 000	42 000
Presse (Horoya)	1 400	—	1 400	1 400	—	1 400
Cinéma	57 780	113 760	171 540	57 780	113 760	171 540
Imprimerie	12 434	61 342	73 776	12 434	61 342	73 776
Syliphone	15 000	45 000	60 000	15 000	45 000	60 000
Hôtelerie	29 284	—	29 284	29 284	—	29 284
CNP	2 000	—	2 000	2 000	—	2 000
TOTAUX	117 898	262 102	380 000	117 898	262 102	380 000

DEVELOPPEMENT DU SECTEUR DU TRAVAIL

Pendant le quinquennat 1981-1985, le secteur du travail s'est assigné comme objectif fondamental la gestion du personnel dans les secteurs administratifs et privés, le réglement des conflits du travail, l'amélioration des conditions du travail et de l'environnement, la prévention des risques de travail et l'application des normes de travail.

Il est prévu à la fin du quinquennat que le nombre de travailleurs passera de :

— 106 180 à 153 880 dans le secteur public, soit un accroissement de 45 % ;

— 20 200 à 35 380 dans le secteur privé, soit un accroissement de 75 %.

Pour assurer efficacement son rôle dans la gestion du personnel et l'amélioration des conditions de travail, le secteur du travail s'est fixé comme tâche d'achever et de réaliser les 11 actions suivantes pour un coût total de 76 000 000 de Sylis dont 70 373 000 de sylis en monnaie nationale et 5 627 000 sylis en devises se répartissant comme suit :

Financements des projets inscrits au Plan (en milliers de sylis)

DESIGNATION DES PROJETS	COUT TOTAL			FINANCEMENT A CHERCHER		
	Sylis	devi-ses	TOTAL	Sylis	devi-ses	Total
1. Fichier Central	5 600	—	5 600	600	—	600
2. Equipe. Insp. Gle Trav. ..	600	—	600	600	—	600
3. Sce Examen et Mo.	5 095	—	5 095	5 095	—	5 095
4. Equipement Bibliothèq. ..	1 000	—	1 000	1 000	—	1 000
5. Equipement Cabinet	600	—	600	600	—	600
6. Fichiers Secondaires	25 000	—	25 000	25 000	—	25 000
7. Equimnt Inspect. CGR ...	2 500	—	2 500	2 500	—	2 500
8. Equimnt Contrôle Travail Régions	5 000	—	5 000	5 000	—	5 000
9. Médecine du Travail	20 000	—	20 000	20 000	—	20 000
10. Projet Gui/81/PO	4 728	5 627	10 355	4 728	—	4 728
11. Formation et Séminaire ..	250	—	250	250	—	250
TOTAUX	70 373	5 627	76 000	70 373		70 373

DEVELOPPEMENT DU SECTEUR DE LA SANTE

Les objectifs du secteur de la santé publique durant le quinquennat visent essentiellement l'amélioration de l'infrastructure et de l'équipement des unités sanitaires existantes (consolidation des acquis) et la création de nouvelles unités, en vue d'élever sensiblement le niveau général de santé de la population.

16 (Seize) Actions ont été retenues pour la réalisation de ces objectifs nécessitant un financement total de 570 000 000 de Sylis dont l'équivalent de 159 000 000 de Sylis en devises.

Un financement de 492 000 000 de sylis est prévu pour la consolidation des acquis contre 78 000 000 de Sylis pour la réalisation des nouvelles actions. Les dépenses en devises sont respectivement de 141 000 000 de Sylis pour l'achèvement des actions en cours et 18 000 000 de Sylis pour les nouvelles actions.

Cet investissement se répartit comme suit entre les 16 actions retenues et durant la période planifiée.

Financement des projets inscrits au Plan. (en milliers de Sylis)

N°	DESIGNATION DES PROJETS	Investis-sement	Financement acquis	Financement à chercher
1	Centre hospitalier de Kipé	300 000	101 000	199 000
2	Polycliniques	12 000	—	12 000
3	Centre Hospitalier de Faranah	20 000	—	20 000
4	Service National de Prévention	20 000	—	20 000
5	Médecine traditionnelle	11 885	—	11 885
6	C. Neuro. Psych.	5 350	1 550	3 800
7	Projet Gui/77/C 34	17 100	14 000	3 100
8	Bloc Donka II	71 015	—	71 015
9	Centre Transf. Sang.	10 000	—	10 000
10	Optique-Lunettes	1 109	—	1 109
11	Centre Pro-Dentaire	7 000	—	7 000
12	CH. N'Zérékoré	34 891	—	34 891
13	Soins de Santé Prim.	25 000	—	25 000
14	Projet Onchoc	5 000	—	5 000
15	Inf. Nouvelles Régions	1 200	—	1 200
16	Régions Médicales	30 000	—	30 000
17	TOTAL	570 000	116 550	453 450

DEVELOPPEMENT DU SECTEUR SOCIAL

Les objectifs à atteindre au cours du quinquennat sont les uivants :

— l'éducation professionnelle des handicapés en vue de eur réinsertion dans la vie active ;

— l'amélioration de l'assistance aux femmes mêmes, aux enfants et aux handicapés ;

— la dynamisation des activités productives des femmes dans les CPF (Centres de Promotion Féminine).

Pour la réalisation de ces objectifs, un investissement de 57 Millions se répartissant comme suit a été prévu.

Tableau récapitulatif des investissements et financements.

DESIGNATION DES PROJETS	COÛT TOTAL	Financement Acquis	Financement à chercher
I. — **Actions anciennes et reconduites**			
1. Cité des Pupilles de la Nation	2 308 960	—	2 308 960
2. Garderie d'enfants	1 800 000	—	1 800 000
3. Ecole des Sourds-Muets	3 700 000	200 000	3 500 000
II. — **Actions nouvelles**			
— Réduction de la morbidité infantile et maternelle de Mamou	11 420 000	9 420 000	2 000 000
— Projet de santé maternelle et infantile (avec le FNUAP)	37 771 040	29 745 900	8 025 140
TOTAUX	57 000 000	39 365 900	17 634 100

Sur les 57 000 000 de Sylis à investir, 39 365 900 Sylis sont acquis (soit 69,07 % des investissements) ; le reste, soit 17 634 100 Sylis, sera à chercher au cours du quinquennat.

DEVELOPPEMENT DES AFFAIRES ISLAMIQUES

L'objectif du secteur pendant le quinquennat est d'améliorer l'infrastructure, l'équipement par l'extension et la modernisation du secteur, ainsi que la formation.

Un investissement global de 57 millions de Sylis se répartissant comme suit est prévu à cet effet :

DESIGNATION DES PROJETS	Investissements prévus			(en milliers de Sylis		
	1981	1982	1983	1984	1985	Total
1. Entretien et achèvement de 7 Mosquées CGR et 5 de Conakry	3 500	3 500	3 500	3 500	3 500	17 500
2. Extension et équipement Cabinet	800	800	800	800	800	4 000
3. Implantation imprimerie arabe	2 000	2 000	2 000	2 000	2 000	10 000
4. Installation d'un Centre transit d'accueil pour pèlerins	1 800	1 800	1 800	1 800	1 800	9 000
5. Construction Medersa CGR	3 300	3 300	3 300	3 300	3 300	16 500
TOTAL	11 400	11 400	11 400	11 400	11 400	57 000

Aucun financement n'est acquis pour la réalisation des objectifs du secteur et les seules dépenses en devises prévues se rapportent à l'implantation de l'imprimerie arabe (à concurrence de 2 500 000 de Sylis).

DEVELOPPEMENT DU SECTEUR INFRASTRUCTURE ET EQUIPEMENT ADMINISTRATIFS.

L'objectif assigné au secteur est l'amélioration des conditions de travail en vue d'élever le rendement des Services généraux de l'Etat par l'introduction de nouvelles techniques. Un investissement global de 2 280 000 000 de Sylis est prévu dans ce domaine et se répartit comme suit :

N°	DESIGNATION DES PROJETS	Investissements prévus		(en milliers de de Sylis)
		Sylis	Devises	TOTAL
1.	Infrastructure « OUA » 83	350 000 000	500 000 000	850 000 000
2.	Infrastructure et équipement des Services du MAEF	50 000 000	—	50 000 000
3.	Infrastructure et équipement des Services du Contrôle d'Etat	50 000 000	—	50 000 000
4.	Infrastructure et équipement des Finances	80 000 000	20 000 000	100 000 000
5.	Construction et équipement Départements et Missions Diplomatiq.	17 000 000	333 000 000	350 000 000
6.	Infrastructure Services Judiciaires	50 000 000	—	50 000 000
7.	Infrastructure et équipement des Services de l'Intérieur et Sécurité	100 000 000	50 000 000	150 000 000
8.	Infrastructure, activités économiques de l'Armée	500 000 000	—	500 000 000
9.	Infrastructure Gendarmerie Nationale	50 000 000	—	50 000 000
10.	Infrastructure et équipement Cabinet 1er Ministre et Services techniques du Plan et Statistique dont :			
	— Construction bureau Cabinet Premier Ministre	7 000 000	1 500 000	8 500 000
	— Centre National d'Informatique et de gestion	58 000 000	5 500 000	63 500 000
	— Bureau National de Recensement	18 000 000	5 000 000	23 000 000

— Infrastructure des Services Central, Régionaux et ÇGR du Plan et Statistique	35 000 000		35 000 000
TOTAL	1 365 000 000	915 000 000	2 280 000 000

FINANCEMENT DU PLAN

L'examen du tableau de récapitulation ci-après des investissements et du financement montre que sur les 32 Milliards d'investissements prévus par le Plan Quinquennal, le financement en monnaie nationale représente 13 milliards et 19 milliards en devises, soit respectivement 41% et 59%.

Le montant des financements acquis à la veille du lancement du Plan s'élève à 8 milliards, soit 25% des investissements prévus. Ce montant est constitué d'un apport extérieur de 7 milliards.

Si on prend en compte les ressources intérieures attendues du secteur public (Bénéfices et Amortissements) pour la période quinquennale qui sont estimées à 2,5 milliards en moyenne par an, le financement à chercher pour atteindre l'équilibre entre ressources et emplois prévus sera de 12 milliards de Sylis en devises, pour les investissements soit 37% et 20 milliards de Sylis si l'on tient compte des ressources à mobiliser pour le fonds d'amortissement de la Dette Publique et le Fonds de réserve.

Tels sont les objectifs fixés par l'hypothèse minimale de développement que le Parti-Etat invite les Cadres et militants à atteindre et dépasser pour la prochaine période de planification et ce, pour assurer un mieux être plus grand à nos populations laborieuses.

Récapitulation des investissements et financements prévus par le plan quinquennal 1981 - 1985 (en millions de Sylis)

Secteurs d'Activités	Coût Total	Financ. acquis	Financ. à cherc.	%
I. — Secteurs Economiques				
Agriculture, Eaux et Forêts	8 360	2 158	6 202	74
Elévage et Pêche	1 520	526	994	65

Industrie	4 560	1 732	2 828	62
Energie	2 660	2 318	342	13
Géologie-Mines	3 040	—	3 040	100
Travaux Publics	2 660	89	2 571	97
Urbanisme et Habitat	1 520	500	1 020	67
Transports	760	10	750	99
Télécommunications	760	289	471	62
Commerce Intérieur	190	—	190	100
Commerce Extérieur	380	—	380	100
Banques et Assurances	190	—	190	100
TOTAL	26 600	7 622	18 978	71
II. — Secteurs Sociaux				
Enseignement Pré-Universi	1 330	—	1 330	100
Enseignement Supérieur et Recherches Scientifiques	380	219	161	42
Jeunesse, Arts Sports	190	—	190	100
Information	380	—	380	100
Travail	76	6	70	92
Santé	570	115	455	80
Affaires Sociales	57	39	18	32
Affaires Islamiques	57	—	57	100
TOTAL	3 040	379	2 661	88
III. — Infr. Equip. Adminis	2 280	—	2 280	100
Totaux	31 920	8 001	23 919	75

ANNEXE

En plus de cet objectif global d'investissement de 32 milliards de Sylis contenu dans l'hypothèse minimale de développement retenue dans les Directives d'élaboration du Plan, les programmes des Départements Ministériels comportent des Projets jugés prioritaires. Ces Projets qui seront inscrits au Plan dès que les conditions de réalisation et de Financement seront réunies sont :

1. — **Dans le Secteur Agriculture, Eaux et Forêts**

— La Société agro-Industrielle de Guinée (Agro-Guinée)

— La création d'un Centre Semencier

— L'action Cocotier

— L'Aménagement des plaines rizicoles de Kankan et de kolloun

— L'équipement des Services régionaux de vulgarisation

2. — **Dans le Secteur des Pêches et Elevage :**

— Création d'un ranch d'embouche de 10 000 têtes par an

— Création de 3 Centres d'aviculture à Coyah, Mamou et Kankan

— Projet d'élevage industriel de porcs avec fabrique intégrée d'aliment

— Création de Centres Communautaires d'élevage par l'aménagement des prairies artificielles et de points d'eau.

— Extension et équipement de l'abattoir frigorifique de Conakry par la construction d'une chaîne d'abattage de porcs, d'une boucherie, d'une charenterie, d'un réseau de production et de distribution d'eau chaude et d'un bâtiment administratif.

— Création d'une unité de préparation (collecte, traitement, stockage) de cuirs et peaux

— Création d'une unité de transformation des englons et cornes pour la fabrication de boutons et de colle.

— Création de 4 unités d'exploitation de petits ruminants à Labé, Tougué, Télimélé et Kouroussa

— Construction d'un port de pêche d'une capacité de réception et de traitement de 150 000 Tonnes de poissons.

— Création d'un complexe national intégré de pêche — Implantation de 4 Centres Communautaires de pêche

— Développement de la pisciculture et de la pêche fluviale

— Création d'un service de technologie de pêche — Sociétés mixites de pêche

— Contrôle et orientation des actions prévues.

3. — **Dans le Secteur de l'Industrie :**

— projet SALGUIDIA
— Projet SOPROCIMENT
— Projet SOPEC
— SOGUILUBE
— Complexe industriel de construction métallique (étude)
— Projet SOGIF
— Complexe textile SANOYA (2e phase)
— Huilerie de Kassa
— OFFITAB
— Usine de thé de Macenta
— Complexe sel-soude
— Usine d'engrais
— Mini-cimenterie de Siguiri
— Usine de montage de bicyclettes et de cyclo-moteurs
— Nouvelle usine textile
— Usine de tuyauterie P.V.C
— Fabrication de sacs à partir des feuilles d'ananas
— Usine de lait
— Verrerie de Ouassou

4. — **Dans le Secteur de l'énergie :**

— Barrage de Soufa
— Réhabilitation de l'adduction d'eau de Macenta et de N'Zérékoré
— Doublement de la conduite des grandes chutes
— Adduction d'eau de 3 Villes prioritaires
— Adduction d'eau de 3 autres Villes
— Extension de l'adduction d'eau de Faranah et de Guéckédou
— Equipement de la DEG
— Adduction d'eau de Boffa, Kissidougou, Kouroussa, et Forécariah
— Extention de la centrale électrique diesel de N'Zérékoré
— Consolidation et renforcement du réseau électrique de Kindia avec antenne sur Friguiagbé et Molota
— Raffinerie de Pétrole
— Curage et approfondissement des barrages de Kalé, Banéa, Kinkon et Tinkisso

— 2 barrages d'appoints pour Kinkon et Tinkisso

— Usine de fabrication de Poteaux électriques en béton armé (Société mixte avec un partenaire étranger)

— Renforcement du système de production électrique de Faranah

— Etude et électrification de 10 Villes avec la K.F.W.

— Etude d'ingenierie et électrification de 5 Villes (Lola, Yomou, Kindia, Mandiana, Kouroussa) avec la BAD

— Ligne de 30 KV et réseau MT/BT de Banco

— Aménagement de Daboya

— Equipement de la SNE

— Barrages de Konkouré, Kamarato et Niandan

— Barrage de Lola (Macenta).

5. — **Dans le Secteur des Mines et Géologie :**

— Extension de la capacité de l'usine d'alumine de Kimbo de 700 000 à 1 300 000 T par an

— Projet de Nimba-Simandou

— Projet d'exploitation de l'or dans les régions de Siguiri, Kouroussa et Dinguiraye

— Projet d'acierie du Kaloum

— Prospection des gissements pétrolifères

— Raffinerie de Pétrole

6. — **Dans le Secteur des travaux publics :**

— • Construction et bitumage de la route Dubréka-Kolaboui (200 km) et du pont de 270 m sur la rivière Fatala à Boffa

— Construction et bitumage de la route Guékédou-Macenta, N'Zérékoré, Beyla (287 km)

— Rectification, reconstruction et bitumage de la route Conakry-Mamou (270 km)

— Construction et bitumage de la route Mamou-Kankan via Dabola, Kouroussa (410 km)

— Construction et bitumage de la route Kankan-Beyla (260 km)

— Action routes et ponts pour la desserte des micro-réalisations de la C.E.E.

— Extention et amélioration des voies urbaines de la ville de Conakry.

7. — **Dans le secteur de l'Urbanisme et Habitat**

— Reconstruction quartiers Coronthie et Boulbinet

— Construction d'un centre administratif Gouvernemental à Yimbaya

— Construction de 10.000 logements sociaux.

8. — **Dans le Secteur des transports :**

— Renovation et extention du Port de Conakry

— Construction d'un slip-Way

— Reconstruction de l'aéroport de Conakry

— Construction des aéroports internationaux de N'Zérékoré et de Boké

— Dragage des principaux cours d'eau

9. — **Dans le Secteur du Commerce Intérieur :**

— Construction à Conakry d'une chaîne de montage de cycles

9 bis) ENSEIGNEMENT SUPERIEUR

Edition de manuels scolaires

10. — **Dans le Secteur de l'Information :**

— Construction d'une station d'émission pour la télévision

— Construction d'une Imprimerie de presse pour l'Imprimerie du 2 Août

11. — **Dans le Secteur de la Santé :**

— Renovation de l'Hôpital de Donka

— Renovation de l'Hôpital Ignace Deen

— Equipement de l'Hôpital de Kipé

— Construction et équipement de l'Hôpital de N'Zérékoré

— Equipement de l'Hôpital de Faranah.

12. — **Dans le Secteur des Affaires Sociales :**

— Reconversion des CPF

— Construction d'un atelier de formation professionnelle des handicapés

— Extension et équipement du Centre national d'Orthopédie

13. — **Dans le Secteur des Affaires Islamiques :**

— Construction d'un institut islamique

14. — **Dans le Secteur de l'Infrastructure et équipement administratifs :**

— Infrastructure OUA 1983

— Construction et équipement des chancelleries de 12 missions diplomatiques .

Le Plan doit réussir

DE L'EXECUTION DU 4e PLAN

Le Plan Quinquennal 1981-1985 a eu le privilège de prendre appui sur les expériences tirées des trois Plans précédents. L'établissement de ces Plans a connu de larges débats démocratiques, leur conduite et aussi leurs bilans positifs ont mis à jour les capacités créatrices du fier Peuple de Guinée. Mais l'exécution de ces Plans ne s'est passée sans heurts.

Les difficultés courantes nous ont permis de cerner de près les inévitables erreurs inhérentes à toute action de prévision, aussi scientifique soit-elle.

Dans l'ordre des erreurs, on peut citer :

— la surestimation des moyens d'investissement pour atteindre les objectifs ;

— le relâchement de la rigueur dans le contrôle de l'accomplissement des tâches ;

— le manque d'analyse des données statistiques nécessaires au cours de la marche même des Plans.

Or, cette analyse s'impose, permettant d'avoir une idée au moins approximative du contenu des indices économiques.

Voilà autant de constatations faites sur les expériences passées qui n'ont pas échappé au Conseil National de la Révolution qui a pu ainsi dresser un Plan encore davantage collé aux réalités de notre pays, afin que les objectifs visés soient effectivement atteints au profit de notre Peuple. Ce Plan, dans la mesure où nous avons libéré toutes les forces productives, dans la mesure où aucune initiative créatrice n'est isolée ou exclue, consolidera les bases de notre Parti-Etat dans les domaines politique, économique et socio-culturel.

Ce 4e Plan dont nous connaissons déjà les tâches principales vise l'accroissement du revenu national, de la productivité du travail dans tous les secteurs. Il comporte en particulier des tâches de développement prodigieux de l'agriculture et de l'industrie, de formation professionnelle et de qualification de l'enseignement pré-universitaire et supérieur, des tâches pratiques en vue de l'amélioration de la santé publique, de la recherche scientifique, tremplin de tout développement consé quent.

L'envergure de l'action engagée et qui, conduite avec méthode et détermination à son terme au cours du Quinquennat, engagera à son tour la Nation dans la voie d'une économie forte et de notre solide qualification, en tant qu'exécutants, en matière de science et de technique, sera la magnifique nouvelle base de développement économique et social.

Mais, pour qu'au cours du Quinquennat, d'une part, nous atteignions et dépassions l'auto-suffisance alimentaire et que nous assurions, d'autre part, la satisfaction de nos besoins dans les domaines de l'habitat, de la santé, de l'éducation, des communications, etc..., il faut que le Capital Vivant engagé dans le Plan Quinquennal, c'est-à-dire le Capital-Travail, soit plusieurs fois supérieur au budget du Plan. D'où la nécessité absolue d'actualiser d'une façon permanente, et avec une rigueur et une vigueur extrêmes, la Charte du Travail édictée par la 46e Session du Conseil National de la Révolution (CNR). Ce faisant, nous aurons dégagé des ressources internes à investir dans le cadre du 4e Plan, ressources qui, évidemment, n'existeront pas si nous ne respectons pas les normes de travail, alors que nous devons d'ailleurs les dépasser. **Seul le Travail crée la valeur dans notre optique économique.** C'est le Travail incorporé dans un produit qui détermine sa valeur réelle.

L'année 1980 a connu des résultats positifs de l'action de notre Parti-Etat, axée sur sa politique constante d'indépendance économique, guidée par l'esprit d'amitié et de solidarité militante avec tous les Peuples du monde.

Mais, n'oublions pas qu'un Plan, si scientifiquement élaboré soit-il, est un projet dont les actions n'aboutiront jamais au but, c'est-à-dire à la satisfaction des besoins sans cesse croissants du Peuple. si la productivité du travail fait défaut.

Il est vrai que si certains éléments, hier, étaient installés dans l'oisiveté et l'opportunisme, en plus de toutes les adversités que nous connaissons depuis 33 ans, notre Régime se doit aujourd'hui de se mettre debout pour se développer davantage en vue de toujours mériter l'audience internationale dont jouit notre Peuple. Dans tous les cas, nous n'avons rien à perdre à stigmatiser nos insuffisances dans le domaine du Travail. Nous avons adopté comme ligne de conduite de toujours, de taire nos qualités, de passer sous silence nos succès et nos victoires, même les plus décisives, pour étaler au grand jour nos insuffisances, même les plus infimes. C'est que nous préférons toujours la vérité la plus amère à l'auto-encensement. Nous avons d'autant plus à fustiger nos insuffisances que les tâches inscrites à notre 4e Plan, si elles sont accomplies, auront un impact décisif sur le niveau de vie tant économique que socio-culturel de notre Peuple. Les tâches seraient-elles accomplies sans une conscience professionnelle toujours plus élevée, sans la présence constante et l'ardeur au Travail, sans la volonté, la détermination de faire de l'accomplissement du présent Plan un devoir patriotique ? Nous répondons « NON » ! Nous devons, en tant que croyants, veiller au respect de cet enseignement du Saint Coran qui affirme : **« L'homme recevra seulement ce qu'il se sera évertué à mériter ».**

Autrement dit, si l'homme ne fournit pas les efforts nécessaires à l'édification de son bien-être matériel et moral, il végétera dans la misère et la maladie. **Cela veut dire qu'au départ, nous sommes tous égaux et que personne ne peut l'emporter sur son prochain sans son propre travail qui lui donne son propre mérite au sein de la société.**

La 46e Session a été consacrée à l'étude du projet du Plan de développement économique et social de notre pays, la République Populaire Révolutionnaire de Guinée. Cette Session s'inscrit comme un moment d'affirmation de notre volonté collective d'assurer avec dynamisme et efficacité la marche continue de notre Peuple vers ses objectifs de bonheur, un moment qui exige en conséquence que soient inventoriés les acquis des luttes antérieures qui doivent être considérés comme les points d'appui devant nous permettre d'aller de l'avant grâce à leur accroissement constant. Il s'agit donc de nouvelles créations, de nouvelles conquêtes en qualités de comportement face aux objectifs assignés à notre Révolution, d'acquisition de nouvelles vertus pour nous rendre davantage forts dans la conduite du programme de la révolution Populaire et de mise en œuvre de nouveaux moyens d'action pour combler nos insuffisances actuelles, de fortifier les bases matérielles et immatérielles de la Révolution Populaire.

Nous avons fait l'inventaire des ressources actuelles dont dispose notre Peuple et qu'il doit légitimement utiliser dans le sens de la reproduction sociale élargie pour accroître son pouvoir d'action sur la nature à transformer, sur sa propre société à qualifier. Il faut donc que les cadres dirigeants du Parti-Etat, à la suite d'une analyse objective, aient une conscience exacte de ce qui est déjà à leur portée et de ce qui, dans la période quinquennale qui s'ouvre, pourrait être effectivement réalisé au profit du bien-être populaire. Il faut que les cadres dirigeants connaissent la portée et la qualité des moyens existants pour engager les actions à la mesure des dimensions atteintes par notre Révolution. On peut disposer de moyens efficaces mais s'installer dans l'incompétence, parce qu'on les utilise mal ou qu'on ne les utlise pas du tout par méconnaissance de leurs possibilités d'impact et de leur nature.

La situation présente des aspects positifs et des aspects négatifs. Nous devons, en conséquence, comprendre nos faiblesses, nos défauts, c'est-à-dire les causes de notre retard par rapport à nos propres possibilités et envisager, à travers une action conséquente, méthodique, créatrice, tout ce qui peut être considéré comme nouvel élément enrichissant du patrimoine et le réaliser en conséquence. Aussi, il y a lieu de corriger les distorsions qui existent entre les secteurs sur le Plan national, et celles qui existent au sein de chaque secteur entre les éléments constitutifs. Nous avons opté pour une économie populaire harmonieusement équilibrée. Les lois objectives présidant au fonctionnement d'un tel système économique et social sont essentiellement différentes de celles régissant un système favorisant uniquement la ruse et la force individuelles pour exploiter les non-nantis ou ceux qui ne disposent pas de moyens de production. C'est pourquoi, nous avons déjà défini les facteurs fondamentaux qui doivent caractériser notre politique de planification. L'idéologie du PDG met toujours en avant la qualité des objectifs, s'agissant d'un développement national. Les objectifs à viser doivent être de portée sociale effective, pouvant assurer à chaque homme un accroissement de son niveau de bien-être. C'est dire que **le facteur premier demeure la qualité de la méthodologie devant guider les activités d'intérêt général que le plan comporte.**

En quoi notre Idéologie est nettement développée ? Son caractère scientifique est incontestable et ce caractère est double : non seulement elle est exempte de ce volontarisme qui veut effacer les lois objectives de l'évolution historique, mais elle rompt avec la démagogie qui soulève les enthousiasmes et en fait cependant des feux follets. La ligne, les principes et les méthodes qui la traduisent ne prennent en considération que ce qui part de la volonté populaire et aboutit au bien-être démocratique et social du Peuple. **Cette idéologie bannit le développement économique pour l'enrichissement d'une minorité au détriment de la majorité. Elle bannit l'exploitation de l'homme par l'homme, et c'est pourquoi, elle exige de chaque homme valide sa participation, à tous les niveaux, à l'action du développement national** ; c'est-à-dire que tout Plan se réclamant de l'idéologie révolutionnaire adoptée par le Parti-Etat Guinéen, doit être considéré **comme un moment décisif d'une action générale de notre Peuple en vue d'un saut qualitatif nouveau.** Certes, ce que l'on veut doit être connu, exprimé avec clarté, mais cela ne suffit pas, car même si ce que l'on veut est modeste, il n'y a de possibilité de satisfaction que si l'on passe de la simple constatation à l'action sur soi et autour de soi pour que tout ce que l'on peut soit fourni en somme d'efforts et en qualité de comportement. **A une idéologie saine et à une méthodologie efficiente pour la conduite d'une action populaire, doit nécessairement correspondre une mobilisation intégrale de toutes les ressources morales, intellectuelles et physiques du Peuple tout entier.**

Le deuxième facteur requis pour la réussite de l'action de développement économique et socio-culturel du Peuple est lié à la qualité de l'esprit, à la nature et à la qualité du comportement de chacun et de tous.

En effet, c'est bien l'homme et le Peuple qui sont à la fois sujets et objets de cette action visant la transformation qualitative des conditions d'existence.

Nous avons toujours rappelé cette vérité universelle, que l'intention ne fait pas l'histoire. Ce sont les actes permettant au Peuple et à l'homme de résoudre progressivement les problèmes de leur existence qui créent des réalités que l'histoire enregistre et qui leur serviront de référence pour justifier de nouvelles espérances sur le chemin du bonheur. Il y a une hiérarchie qui caractérise le mouvement du Peuple et de l'homme, mouvement partant toujours d'un point précis vers un autre point également précis. Dans le processus de ce mouvement, l'action commence par la conception du futur que l'on voudrait transformer en réalité pour élargir la dimension de l'homme et du Peuple. **Concevoir** est donc le premier acte s'inscrivant dans le devoir naturel de chaque homme en tant que manifestation de sa vitalité dans la société. Cet acte est la manifestation de sa volonté de progrès, et de ses facultés humaines, un acte sans lequel il n'y aura jamais amélioration constante de son mode de production, de son mode de vie. Après les conceptions, au niveau d'un Peuple organisé, le deuxième acte est la **discussion** dans la mesure où ce qui est conçu est d'une dimension sociale.

L'homme en tant qu'être social a trois dimensions essentielles :

— une dimension sociale en tant que produit de la société ;

— une dimension du temps qu'il vivra en tant qu'individu appelé à mourir ;

— une dimension de l'espace qu'il occupe et qui contient la scène de sa vie.

C'est pourquoi, les aspirations au progrès conçues par un homme, pour qu'elles puissent toutes être réalisées, intéresseront nécessairement d'autres hommes. D'où la discussion à organiser au niveau de ce groupe d'hommes. Et pour un Parti progressiste, le caractère démocratique ne doit pas faire défaut. On doit procéder à la discussion de tout ce qui peut ou doit avoir un impact sur la vie de la société. Mais discuter de quoi ? Discuter des objectifs définis. Et c'est pourquoi l'homme et le Peuple doivent faire des choix après chaque discussion. Les « pour » et les « contre » d'une action apparaissant, les avantages et les inconvénients ayant été envisagés en toute sérénité, la conduite de l'action gagnera en efficacité et en dynamisme. Une **décision** doit enfin sanctionner la discussion.

Nous avons **conçu** un projet de Plan, un programme de commercialisation, des méthodes de production et une radicalisation du comportement du Peuple et de l'homme face à l'impératif du travail. Nous avons **discuté,** largement, en commissions spécialisées, de ces projets et, finalement, nous avons fait le choix. Nous avons pris des **décisions** que nous aurons à populariser grâce à une information objective de tous les militants, tant sur la moralité des décisions arrêtées que sur les implications de ces mêmes décisions.

Dans la hiérarchie de l'action, il reste trois autres facteurs plus déterminants que les trois premiers. Il reste à **réaliser** ce qui est décidé, à **contrôler** les phases successives de cette réasation, car la décision a été enfermée dans une partie du temps qui est une période quinquennale. Chaque mois, chaque trimestre, chaque semestre, chaque année, à tous les niveaux de l'action générale du Peuple, un contrôle doit s'effectuer pour nous permettre de savoir si nous sommes à l'heure du Plan ou si nous sommes en retard sur nos décisions. Mais le contrôle de l'action doit aboutir finalement à **l'utilisation** de ce qui sera créé, à l'utilisation au profit du Peuple de ce qui sera réalisé, car toute production est destinée à une consommation. Ainsi, une partie de la tâche est accomplie, mais celle qui reste est encore plus importante. Elle doit requérir de nous plus d'enthousiasme, plus de dynamisme, plus d'intelligence, plus de vigilance et de fermeté.

Le Plan qui est adopté doit être, selon les résultats qui devront sanctionner nos activités dans les cinq années à venir, supérieur aux Plans antérieurs, parce que nous avons gagné en expérience, en connaissances et notre volonté révolutionnaire s'est davantage affermie grâce à ces connaissances et à cette expérience accumulées. Ce Plan doit donc traduire la somme de nos qualités et vertus, sanctionner le niveau de nos capacités actuelles. C'est pourquoi nous devons nous répéter à longueur de journées, ce mot d'ordre : « **le Plan doit réussir. Sa réussite est nécessairement celle de la Révolution guinéenne.**

Si l'idéologie est un choix que l'on peut faire une fois pour toutes, sa traduction est quotidienne, elle doit avoir un caractère permanent, c'est-à-dire que dans l'action quotidienne, la traduction dans le réel de l'esprit révolutionnaire, de l'esprit d'honnêteté, de l'esprit de responsabilité et de la volonté de se rendre utile à son pays ne doit jamais faire défaut.

Au contraire, la qualité de cet esprit doit se manifester à tous les niveaux de la hiérarchie, et à tous les moments de la décision comme à celui de l'action créatrice. Tout choix crée une responsabilité dans la mesure où le choix peut être considéré d'ores et déjà comme un acquis potentiel. Il va requérir les sacrifices indispensables pour sa concrétisation, sa réalisation effective. Pour ce faire, l'homme et le Peuple doivent assumer le choix fait, c'est-à-dire se comporter en éléments responsables, fidèles aux exigences de ce choix. La liberté n'existe qu'avant le choix. **Une fois celui-ci fait, la liberté se meut de la sphère générale illimitée et s'enferme dans le cadre strict de la réalisation de l'objet du choix.** Philosophiquement, cela revient à se comporter comme esclave de son choix, esclave du devenir heureux à réaliser. Autrement dit, le choix est une contrainte que l'on s'impose soi-même, sans aucune pression extérieure. Le nier, en ne travaillant pas à son passage de son caractère potentiel à sa réalisation concrète est un acte d'aliénation. Cela veut dire, sur le plan politique que les implications du choix fait doivent être parfaitement comprises, respectées et se traduire dans tous les instants de la vie en un comportement conséquent. Pas de rupture entre ce que l'on veut et ce que l'on fait, pas de contradiction entre le futur ambitionné et le présent que l'on vit. Si cela est, il ne s'agit pas d'une simple versatilité, mais d'une disposition totale à être agi par les événements au lieu d'être sujet de l'action exigée par le choix fait délibérément au départ.

Si l'idéologie est saine, les méthodes d'action parfaitement adaptées aux conditions d'un travail positif, si l'esprit de responsabilité se manifeste en permanence, mettant toujours l'attention de l'homme en éveil, il faut que, entre les hommes, la même idéologie serve de trait d'union afin que soit assurée la parfaite convergence des intérêts et des activités dans l'utilisation des moyens disponibles. Bien sûr, nous ne subissons pas les contradictions de façon abstraite ; elles existent et leurs solutions doivent être telles qu'elles ne conduisent pas les uns à effacer, à détruire ce que créent et édifient les autres. Il faut que toutes les attitudes soient tendues vers le même objectif collectivement déterminé. Cet objectif, c'est bien l'intérêt national.

Chacun doit se considérer comme un ouvrier ; un ouvrier œuvrant à l'édification d'une société nouvelle, à la transformation qualitative de l'économie nationale, enfin au progrès général du Peuple dans l'action quotidienne. Tout au long de la période d'exécution d'un Plan de développement, chacun doit recourir à la technique la mieux pensée, la mieux élaborée, la plus adaptée à la nature du travail qui lui est confié. Si chaque période de planification est un moment précis, ce moment doit refléter aisément les qualités, les capacités, les aptitudes de tout le Peuple ; et au fur et à mesure que le Peuple se qualifie, les moments de planification se qualifieront.

Il faut toujours avancer, et un Plan en cours doit être un moment supérieur à un Plan déjà achevé. C'est cela la traduction du caractère ascensionnel de la marche de notre Peuple vers le progrès continu.

Le travail qui est à faire doit être parfaitement organisé dans tous les secteurs et à tous les niveaux. Le temps qui est l'une des armes d'une période de planification, ne doit jamais être gaspillé. Chaque année est une tranche, et chaque semestre, chaque trimestre, chaque mois, chaque semaine, chaque jour, chaque heure correspondent à des exigences de production en quantité et en qualité. Si nous voulons être toujours à l'heure d'un Plan, nous devons chaque jour accomplir la fraction du travail qui correspond à ce jour. Nous devons mettre en œuvre une technique d'organisation appropriée du poste de travail, une technique d'organisation conséquente du contrôle du travail ; il nous faut tout cela pour réussir. Ici, nous soulignons cette exigence fondamentale dont la rigoureuse observance nous permettra chaque jour, chaque mois, de savoir si nous sommes à l'heure de nos exigences ou non. Mais, puisque ce moment précis doit être considéré comme un nouveau départ, un jalon marquant ce nouveau départ d'une marche qui doit aboutir à un autre jalon, celui-là qui va symboliser les nouveaux objectifs que nous allons inscrire dans le futur Plan de développement économique et socio-culturel du pays, en ce moment précis, nous avons le devoir de garder présentes à l'esprit les leçons que nous avions pu tirer de l'exécution des trois précédents Plans de développement économique et social de la République Populaire Révolutionnaire de Guinée. Le temps instruit, c'est-à-dire que le passé, constituant les archives du temps vécu, doit être consulté à tout moment, et ce passé qui a enregistré les faits et les leçons qui s'y attachent, pourra toujours guider l'action du présent.

En matière de leçons déjà accumulées, nous devons dire que dès l'accession de notre pays à la souveraineté nationale,

nous avons opté pour une économie populaire révolutionnaire. Ce choix répondait à la nécessité de mettre fin au libre jeu de la loi économique de l'exploitation de l'homme par l'homme, loi qui régissait tout le système économique colonialiste, pour lui substituer la loi du travail socialiste.

La Révolution nous enseigne qu'à chaque système politique correspond nécessairement le système économique qui lui est propre, de même qu'à chaque système économique correspond le système de production, et de répartition du produit social qui lui est propre. Ainsi, deux ans après notre indépendance, nous avons introduit la méthode de la planification économique en tant qu'instrument de gestion de notre économie nationale. Parmi tant d'autres méthodes, c'est celle-là qui garantissait la réalisation des nobles aspirations de notre Peuple, à savoir un développement pour tous, parce qu'un développement harmonieusement mené et judicieusement équilibré.

Vingt années de gestion planifiée nous ont permis aujourd'hui d'accumuler une riche expérience en matière de gestion de l'économie nationale. Ainsi, dès le lancement du 4e Plan de notre pays, il nous revient de tirer les leçons qui s'attachent à l'exécution des Plans précédents, c'est-à-dire :

— le Plan triennal qui a couvert la période 1960-1963,
— le Plan septennal qui a couvert la période 1964-1971,
— le Plan quinquennal qui a couvert la période 1973-1978.

I. LE PLAN TRIENNAL 1960-1963

Le premier Plan, le Plan Triennal 1960-1963, a eu pour objectifs essentiels la décolonisation des structures économiques et administratives et l'amorce de la modernisation et de la diversification de l'économie du pays.

Il a été un Plan de transition qui a brisé les structures coloniales et installé un secteur étatique important en procédant à des réformes institutionnelles et en créant une infrastructure de base qui, jusque-là, faisait défaut.

Compte tenu des réalisations de ce Plan de transition dont notamment la réforme monétaire et l'édification des infrastructures de base, et ce, malgré notre inexpérience d'alors et les embûches semées sous nos pas par les ennemis de l'émancipation des Peuples africains, nous sommes en droit de le considérer comme une réussite. En effet, dès lors on a assisté à la libération du pouvoir d'achat des masses populaires et à la libération de leurs initiatives de production et de consommation, ce qui a permis l'élévation du niveau de vie des masses laborieuses.

Mais, cette réussite signifie-t-elle cependant que le Plan triennal n'a souffert d'aucune imperfection majeure ?

Déjà le 25 février 1962, à mi-course du Plan, nous faisions état de certaines insuffisances qui marquaient cette première action de planification. Ce qui, du reste, était inévitable comme dans toute nouvelle entreprise politico- économique de cette portée.

Les critiques essentielles que nous retenons de l'exécution de ce Plan peuvent se résumer en ces points :

— Son élaboration selon une méthode empirique que, cependant, les événements et les exigences du moment imposaient. Il fallait adopter des procédés d'élaboration des Plans conformément au degré des connaissances qui seront améliorées au fur et à mesure ;

— Le manque d'information statistique et la négligence des études de pré- faisabilité et de faisabilité. Il faut rappeler que l'administration coloniale avait détruit toutes les archives avant de partir ;

— Le défaut d'harmonie entre les secteurs et le manque de hiérarchie dans les priorités ;

— La mauvaise comptabilisation des dépenses du Plan et les difficultés rencontrées par l'Organe Central de Planification dans son fonctionnement courant. En effet, notre système comptable national était en gestation.

C'est au terme de ce Plan qui peut, à juste titre, être considéré comme un Plan d'initiation et dont les résultats ont été positifs et à la lumière des critiques fécondantes que notre second Plan a été élaboré.

II. — LE PLAN SEPTENNAL 1964-1971

Le Plan Septennal 1964-1971 qui a fait suite au Plan Triennal est venu consolider les acquis en mettant davantage l'accent sur l'infrastructure économique et les investissements dans le secteur de la petite et moyenne industrie.

Il a notamment permis d'achever les projets commencés au Plan Triennal et d'installer de nombreuses unités industrielles, agricoles et commerciales.

En outre, à côté du secteur d'Etat industriel, industrie manufacturière, est apparu le secteur d'économie mixte dans l'industrie minière. Les secteurs d'Etat et d'économie mixte sont devenus prépondérants et garantissent la solidité de l'économie nationale, conformément à notre option fondamentale, c'est-à-dire l'édification d'une économie nationale socialiste, moderne et prospère.

Les résultats obtenus par ce Plan, également positifs, ont été, il faut le dire, en deçà des moyens mis en œuvre.

Le Plan Septennal a en effet souffert de plusieurs insuffisances dont :

— Le changement d'orientation des programmes ;

— L'arrêt dû à l'abandon pur et simple de certaines actions commencées. Nous devons signaler ici que l'abandon d'actions commencées dans le cadre d'un Plan est d'une extrême gravité car, nous l'avons déjà dit, le Plan national de développement a valeur de loi. Une loi s'applique et ne saurait être violée ou rendue caduque par des bureaucrates qui ne réalisent pas que le Plan engage l'avenir du Peuple au-delà même de son temps d'exécution ;

— La réalisation d'actions non initialement prévues sans que le caractère de priorité ait été nettement démontré ;

— L'insuffisance d'études de base ayant souvent conduit à des sous-évaluations de devis, donnant ainsi naissance à d'avenants successifs dont le coût total dépassait parfois le coût initial ;

— Le manque de coordination des initiatives ;

— Enfin, le manque de contrôle sérieux de l'exécution des actions du Plan. Ces insuffisances étaient dues à l'inexpérience de certains cadres qui se livraient à des improvisations, ennemies de la planification, mais aussi à l'action nocive de la contre-révolution, notre irréductible ennemi de classe.

En effet, le manque de contrôle de l'exécution des tâches inscrites est une insuffisance majeure, car la chose capitale est l'accomplissement du Plan lui-même. C'est pourquoi, dès que l'exécution en est commencée, il faut que les exécutants connaissent parfaitement les prévisions et qu'à chaque moment ils aient à l'esprit les tâches à accomplir. Et il faut savoir que l'exécutant a beau témoigner du respect pour l'intérêt national, il faut contrôler la marche du Plan à chaque moment pour vérifier la qualité de ce qui est fait et veiller sur les délais d'accomplissement. On peut ainsi repérer à temps les erreurs et les redresser aussitôt.

A la lumière de ces critiques et compte tenu de nos mises en garde déjà faites après l'exécution de la première tranche du Plan Triennal, des dispositions rigoureuses ont été prises pour faire du Plan qui a suivi, c'est-à-dire le troisièment Plan, un instrument plus perfectionné et d'un maniement plus aisé.

III. — LE PLAN QUINQUENNAL 1973-1978

Le Plan Quinquennal 1973-1978, quant à lui, s'est fixé les objectifs suivants :

— Mettre l'accent sur le renforcement des bases matérielles de la Société guinéenne ;

— Accorder la priorité à la promotion paysanne ;

— Considérer les communautés villageoises ou PRL ruraux et les Etablissements d'Enseignement (CER) comme étant les points d'appui fondamentaux de l'édification d'une nouvelle Société en Guinée ;

— Augmenter la production agricole en quantité et en qualité par la recherche et la mise en œuvre de tous les moyens propres à la transformation rapide des conditions de vie et de travail dans nos Pouvoirs Révolutionnaires Locaux (PRL), et surtout de ceux se trouvant dans les zones rurales, là où habite la majorité de notre Peuple ;

— Mettre en valeur les grandes ressources naturelles du pays (mines et énergie) par la création de grands complexes industriels et le développement de l'infrastructure économique ;

— Qualifier les moyens humains par l'accélération de l'enseignement et de l'éducation de l'ensemble des jeunes en même temps que par l'élévation progressive de leur niveau technique et technologique.

En application d'une de ses recommandations relatives au contrôle permanent du niveau d'exécution des actions du Plan, le Pouvoir Révolutionnaire Central devait, au terme de la troisième tranche de ce Plan, revoir la fixation des objectifs initiaux en rapport avec les moyens réels du pays.

Au cours d'une séance de critique et d'auto-critique, une session Commune du Comité Central et du Gouvernement devait, le 12 Décembre 1976, procéder au réajustement du Plan.

L'examen du bilan d'exécution de ce Plan réajusté montre que les moyennes annuelles des dépenses totales se sont élevées à :

— **Pour les dépenses globales :**

19 188 710 204 : 5 = 3 837 742 040 Sylis.

— **Pour les investissements :**

13 370 019 427 : 5 = 2 674 003 885 Sylis.

Concernant les mêmes données, au titre du Plan Septennal, les dépenses globales s'élevaient à :

— **Dépenses globales en moyenne annuelle :**

10 238 697 479 : 7 = 1 462 671 068 Sylis.

— **Investissements :**

9 190 336 088 : 7 = 1 312 905 155 Sylis.

Ainsi, les moyennes annuelles des dépenses du Plan Quinquennal ont plus que doublé celles du Plan Septennal.

En effet, pour les dépenses globales nous avons :

$$\frac{3\ 837\ 742\ 040 \times 100}{1\ 462\ 671\ 068} = 262,38\ \%.$$

— Pour les investissements :

$$\frac{2\ 674\ 003\ 885 \times 100}{1\ 312\ 905\ 155} = 203,67\ \%.$$

Le taux de financement de ce Plan Quinquennal (1973-1978) a été de 83 %, à savoir :

$$\frac{29\ 909\ 385 \times 100}{36\ 090\ 000\ 000} = 82,86\ \%.$$

— Le taux d'utilisation des ressources de 65 %, soit :

$$\frac{19\ 188\ 710\ 207 \times 100}{29\ 909\ 369\ 385} = 64,76\ \%.$$

— Et le taux d'absorption de ces ressources pour les secteurs économiques de 45 % avec :

$$\frac{13\ 370\ 019\ 427 \times 100}{29\ 909\ 369\ 385} = 44,70\ \%$$

Ce dernier taux, qui traduit le volume des investissements réels, nous indique que la réalisation d'un Plan ne dépend pas que du problème de financement.

Le niveau de réalisation des tâches inscrites est fonction des ressources matérielles, du degré de formation des exécutants et des cadres, de la capacité de production des travailleurs. Il faut donc toujours adapter les objectifs aux possibilités réelles de l'économie nationale.

D'autres problèmes, comme ceux rencontrés par le Plan Quinquennal 1973-1978, peuvent avoir des répercussions fâcheuses sur l'exécution du futur Plan. Il s'agit notamment :

a) **Dans la phase d'exécution des projets :**

— du manque de matériaux de construction importés ;

— du manque d'équipements techniques appropriés ;

— de l'insuffisance des études de base, ce qui donne lieu à l'apparition de situations imprévues.

b) **Dans la phase de production :**

— du manque de matières premières et secondaires ;

— du manque de pièces de rechange ;

— du manque d'énergie, etc.

A ces insuffisances qui ont affecté l'exécution du Plan Quinquennal 1973-1978, il faut ajouter :

a) la dispersion des centres d'études de projets ;

b) l'improvisation ;

c) les distorsions entre les procédures commerciales et financières (vente au comptant par les Entreprises et paiement du service rendu par le Budget) ;

d) l'insuffisance du contrôle du niveau d'exécution des actions du Plan liée au manque d'informations statistiques et aux difficultés rencontrées pour effectuer les contrôles sur place.

Nous ne cesserons jamais de souligner l'importance du contrôle d'exécution des tâches.

Le contrôle peut aider à l'accroissement de la production.

Le contrôle doit être systématisé et suivi d'une étude très approfondie des activités. Il faut surtout périodiquement rendre compte de l'accomplissement des tâches. C'est la seule façon d'entretenir la volonté d'exécuter les tâches assignées.

L'analyse critique et comparative précédente permet d'apprécier l'amélioration enregistrée tant, dans la méthodologie de préparation que dans l'exécution de chacun de nos trois Plans précédents.

Cette tradition ayant été strictement observée, eu égard à la complexité des problèmes économiques en rapport avec le développement du pays, l'élaboration du Plan Quinquennal (1981-1985) a été plus rigoureuse.

En effet, au cours de plusieurs sessions du Gouvernement, nous avons eu à définir la méthodologie nouvelle. Nous avions le choix entre la méthode qui planifie à partir du sommet, c'est-à-dire de la Nation, et celle qui planifie à partir de la base, donc du PRL ou de la Commune villageoise.

Le Plan Quinquennal est axé d'une part, sur la modernisation profonde de l'agriculture et, d'autre part, sur un grand développement des secteurs minier, industriel et de l'énergie.

S'agissant du secteur agro-pastoral, piscicole, près du tiers du Budget du Plan lui est affecté et, en plus, les 2/3 des cadres universitaires déjà formés sont à sa disposition. Il s'agit, pour ce secteur, de faire passer, dans les cinq années du Plan (1981-1985) notre agriculture, notre élevage et nos activités en matière de pêche, de l'état précaire qui est le leur, aujourd'hui, à un état de développement de l'infrastructure, des techniques et des méthodes technologiques qui fassent du domaine qu'ils constituent une puissante base du développement socio-économique de toute la Nation et assurant la modernisation de tout le paysannat guinéen.

La Guinée ne devrait pas importer de produits végétaux et animaux, elle devrait plutôt en exporter.

Nous devons nous assurer la maîtrise de l'eau en consacrant aux travaux hydro-agricoles (petits barrages hydro-agriçoles, bassins de retenue d'eau, etc...) la moitié des moyens affectés au secteur agricole. L'agriculture cessera alors d'être aléatoire.

Nous devons assurer la viabilité de ces bases socio-techniques de la modernisation de notre agriculture et de notre paysannat, à savoir les Fermes Agro-Pastorales d'Arrondissement (FAPA), en leur consacrant, au moins, le tiers des ressources que le Plan affecte à l'Agriculture.

Le Département de l'Agriculture et des FAPA doit aussi avoir le souci de développer, à la campagne, de petites sources d'énergie pour y accoître la productivité du travail et aussi y rendre la vie plus aisée.

S'agissant des secteurs des Mines, de l'Industrie et de l'Energie, nous n'avons rien d'autre à dire que de leur imprimer une impulsion décisive au cours du Quinquennat.

Cependant, et en ce qui concerne l'Energie, nous demandons aux responsables de ce secteur d'être particulièrement attentifs, d'une part, à la flambée du prix des hydro-carbures et, d'autre part, à l'immensité du potentiel hydro-électrique de la Guinée pour promouvoir, en la matière, la politique économique la plus juste, à savoir la satisfaction de nos besoins en énergie, besoins qui deviennent de plus en plus grands.

Ce sont là quelques indications que nous donnons aux Départements vitaux de l'Agriculture et des FAPA, de l'Elevage et de la Pêche, des Mines et Géologie, de l'Energie, de l'Industrie. Et ce sont, entre autres, ces considérations qui ont amené le Pouvoir Révolutionnaire Central à élaborer le Plan Quinquennal.

De l'étude de ce Plan, il ressort que le volume des investissements est arrêté à 32 milliards de Sylis, soit 320 milliards de Francs CFA, dans l'hypothèse minimale. Ce volume implique un investissement moyen annuel de 6,4 milliards de Sylis contre 2,674 milliards pour le Plan Quinquennal 1973-1978 et 1,313 milliard pour le Plan Septennal. Ce montant semble peu élevé par rapport aux Budgets de Plan de certains pays. Mais le développement, comme l'enseigne la Révolution, n'étant pas une course de vitesse, mais une course de fond, l'essentiel est d'avoir recours à tout ce qu'exige de vertus cardinales la course de fond. Nous estimons que l'exécution de ce Plan devra, pour être un succès, se fonder sur les principes suivants dont l'application conséquente et de façon créatrice, par chacun des Organismes du Parti-Etat, à la phase actuelle de notre développement, permettra de qualifier notre système de planification.

Il s'agit notamment :

1. **D'effectuer un contrôle permanent du niveau d'exécution des actions du Plan dans le cadre des attributions de chaque Département.**

Nous devons, à cet effet, rappeler que le Ministère du Plan devra :

— suivre, réactiver et contrôler régulièrement la réalisation financière et sur le terrain des actions du Plan ;

— examiner annuellement l'exécution du Plan au niveau d'une instance nationale du Parti-Etat ou au cours d'une Conférence convoquée à cet effet.

2. **De gérer correctement les crédits du Plan qui, en aucun cas, ne doivent être déviés de leur destination ;**

3. **De décentraliser la gestion des actions au niveau de chaque Département pour que chaque action** dépende au moins d'un cadre qui en assume personnellement les responsabilités, afin de faire des opérations du Plan des unités économiques distinctes et rentables. Pas de responsabilités diluées ! Nos décisions sont bien collectives, mais cela ne doit pas nous empêcher de fixer des responsabilités personnelles, en désignant un cadre ou des cadres qui auront la responsabilité totale des échecs et des succès des actions du Plan.

4. **De créer une Division de la Planification et de la Statistique au sein de chaque Département ministériel et qui sera chargée du suivi de l'exécution des actions du Plan et du recueil des données statistiques ;**

5. **Enfin, de réactiver les Directions du Plan et de la Statistique des C.G.R. et de créer une Direction Régionale du Plan et de la Statistique au niveau de chaque Région Administrative.**

Atteindre les objectifs avant les délais fixés est une forme active de patriotisme. Celui qui a l'esprit civique élevé en fait une question d'honneur et de dignité. Seule une telle mesure adéquate pourrait permettre de faire de notre planification un véritable instrument d'accélération du processus de notre développement économique et social et, partant, de notre Révolution globale et multiforme.

Mais le Plan, quelque bien structuré qu'il soit, n'est qu'un instrument et un cadre. **L'énergie créatrice et productrice de base, celle qui possède, domine et met en mouvement toutes les autres formes d'énergie. c'est le travail des hommes.** Il faut que nous, cadres du PDG, nous fassions le serment de modifier radicalement nos habitudes et attitudes face au travail. Nous devons nous engager à honorer le travail qui demeure partout le fondement de tout progrès social.

La Révolution est exigence ! Elle exige de nous, cadres nationaux, que la production soit à l'honneur. Nous devons, avec une vigueur constante et une rigueur totale, **nous mettre au travail, mettre au travail tout le monde autour de nous,** créer, entretenir et développer la mystique du travail. Nous devons préciser qu'il ne s'agit pas de n'importe quel travail. Le travail, sous notre Régime populaire révolutionnaire, n'est plus aliénateur ; il n'y a plus de dichotomie entre l'acte de travailler et le sujet de cet acte. Le P.D.G., en tant que Parti des travailleurs, a suffisamment prouvé cette qualité pour que chaque travailleur puisse maintenant distinguer le travail positif, source de progrès pour le producteur, du travail négatif qui ruine la société. Sur ce sujet se fonde tout le reste. Nous devons épurer le Parti en fonction de l'attitude objective des cadres vis-à-vis du travail. **L'alternative est claire : ou l'on est honnête ou l'on est malhonnête et l'on n'a pas le droit de parler au nom du Peuple.**

L'on doit choisir les responsables du Parti-Etat, en écar tant des appareils de direction ceux qui trichent avec les exigences de la Révolution. Et lorsque nous disons : « **les actes, rien que les actes !** » c'est bien; mais les intentions ne modifieront ni ne changeront rien à la réalité. Ce sont les actes qui méritent les sanctions. **Il faudra donc procéder à l'examen de la situation de notre Peuple, de notre classe ouvrière, de nos cadres, notamment face à l'impératif de la production.** Cela est d'autant plus nécessaire qu'il y va de la vitalité du développement ambitionné par notre Peuple et du respect de notre indépendance. **Sans travail, nous attendrons en vain la manne céleste et nous installerons dans la médiocricité, ce qui compromet l'indépendance.**

Nous devons exprimer notre volonté de progrès, exprimer notre fidélité en faisant du travail notre souci primordial de tous les jours.

Nous avons, maintes fois, affirmé que la Révolution c'est le travail ; le hasard, l'indifférence ne sauraient construire un avenir de sécurité et de bonheur. La seule fonction que chacun et tous doivent assumer pour garantir cet avenir de bonheur, demeure le travail productif.

Sans le travail, il est parfaitement inutile d'affirmer notre volonté de progrès ou de nous fixer de nouveaux objectifs de grandeur nationale, de développement de l'économie nationale et de la culture du pays. **Ici, il faut exprimer avec force notre volonté conséquente de faire comprendre à chacun le caractère de contrainte du travail productif.** Ce caractère de contrainte n'est plus dû à une force extérieure ; il découle du choix que nous avons fait de développer nous-mêmes notre pays, sachant bien que nul, si ami soit-il à notre pays, n'exécutera nos tâches à notre place. Toute autre conception annoncerait une véritable calamité sociale menaçant nos acquis qui pourraient se détériorer et compromettre l'avenir.

L'argument trompeur, le prétexte fallacieux de nombreux cadres dirigeants, pour justifier les retards qu'ils mettent dans l'exercice de leurs fonctions chaque jour, est de dire : « Nous avons passé toute la nuit à travailler ». Nous devons, au nom de la Révolution, au nom du Peuple de Guinée, de son Comité Central et de son Gouvernement, interdire à tout cadre l'accomplissement d'une heure supplémentaire, si cela doit servir à justifier le retard dans l'exercice de ses fonctions. La contrainte doit être respectée, celle du respect des horaires du travail et de ses obligations quotidiennes ; les horaires du travail sont fixés de 7 h 30 à 15 heures. Il ne faut plus tolérer qu'un cadre, qu'un travailleur vienne en retard ou quitte avant l'heure officielle de la fin du travail.

La Révolution, le devenir heureux de la Nation se trouvent dans le respect quotidien des exigences de production en quantité et en qualité, donc dans le concept de travail qui, seul, crée ce qui n'existe pas. Nous devons tout faire pour nous présenter non en Chefs, en privilégiés, mais en travailleurs, en serviteurs, dévoués. Chaque jour, chaque serviteur donc doit se poser la question : « à quoi ai-je utilisé les heures de la journée ? » « Est-ce que j'ai été utile à moi-même, à ma famille, à ma région, à ma Nation, à l'humanité ? » « Ai-je au contraire compromis les chances d'évolution dynamique et heureuse de la société ? »

Nous avons dit que la liberté se conquiert. De même la dignité se conquiert. Le progrès ne germe pas de la terre et ne tombe pas comme la pluie ! Tout progrès est une conquête. Seul le travail crée le progrès. Cette vérité est bien élémentaire, mais il faut savoir l'actualiser chaque jour. C'est pourquoi, plus que ce que nous pourrons dire, **chaque cadre, en conscience, doit se parler et faire face aux obligations qui sont les siennes et au travail colossal confié au PDG par notre Peuple.**

Nous devons considérer tous les autres moyens comme devant être adaptés harmonieusement aux impératifs de la nouvelle action de développement économique, social et culturel de notre pays. Ce n'est pas le moyen qui se met en mouvement. La machine la plus perfectionnée ne peut fonctionner d'elle-même. Il faut que l'homme s'y mette et l'homme n'intervient sur la machine et avec la machine qu'en fonction de ses propres capacités : capacités intellectuelles et morales, capacités techniques et technologiques. Il intervient aussi en fonction de sa volonté. Si celle-ci négative, il fera un mauvais usage de la machine. Si elle est positive, la machine ne sera utilisée qu'à des œuvres de portée historique et sociale favorables à l'émancipation de la société.

Les structures qui existent, les institutions qui existent, les moyens matériels existants, doivent tous être repensés en fonction de nouveaux objectifs que nous venons de déterminer. Dans la phase de dévelopement de notre Peuple qui s'ouvre avec le nouveau Plan Quiquennal, à quoi devons-nous utiliser tel ou tel moyen existant ? **C'est dire qu'àprès avoir décidé du Plan, chacun, dans sa Région, doit faire l'inventaire des moyens matériels à utiliser en vue de la réalisation des aspirations condensées dans le programme quinquennal.**

Et, puisque nous avons davantage mis l'accent sur le travail et le comportement du militant révolutionnaire face au travail, nous devons, dans les Régions, compte tenu de leurs conditions particulières, définir le nouveau comportement à prescrire à chaque secteur.

Voyons par exemple au niveau des Commissariats Généraux de la révolution, deuxième échelon après l'échelon national. Il a lieu de dynamiser le comportement des Services Centraux existant à ce niveau. Cet organisme étant déjà chargé de la coordination de toutes les activités du Parti-Etat, doit faire une étude des conditions particulières et mettre en relief ce qui peut être valorisé pour l'enrichissement continuel du patrimoine national. Il faut donc que les Directions Générales déjà créées à ce niveau soient dotées de moyens réels leur permettant de rayonner effectivement dans tout le ressort du CGR afin de s'accquitter de la haute mission qui leur revient. L'Agriculture, l'Elevage les Eaux et Forêts, l'Education, la Gendarmerie, l'Armée, la Police et la Sécurité, les Services de Contrôle économique et financier, le service du Plan et des Statistiques, la Douane, le Commerce, les TP qui sont tous représentés au niveau d'un CGR ne doivent plus avoir des rôles théoriques. Ces service doivent, de façon active, jouer pleinement leur rôle.

Des tâches ont été prescrites avec même à l'appui des normes dans les divers domaines. Nous n'avons plus à attendre l'étude des bilans annuels pour redresser les conditions défectueuses qui ont prévalu dans la vie de telle unité économique dans telle Région. Nous devons, par un contact permanent avec les réalités, connaître ce qui va et ce qui ne va pas et remédier à toute condition défectueuse pour que la marche générale du Peuple ne soit jamais compromise.

Prenons un exemple de ce manque de contrôle : les tâches qui sont prescrites aux élèves, aux étudiants dans le domaine productif et qui peuvent être parfaitement exécutées n'ont pas fait, l'objet d'un contrôle systématique. C'est pourquoi, l'inspecteur d'Accademie doit désormais rayonner à longueur d'année dans les Régions pour contrôler effectivement l'application des décisions arrêtées par le Parti-Etat. Les Gouverneurs et Bureaux Fédéraux doivent veiller à l'élaboration et à l'exécution effective par les élèves et étudiants du programme de production agricole. Ils doivent en contrôler les différentes phases d'exécution. Ils doit en être ainsi dans tous les autres domaines. Il faut qu'on arrive à rechercher tous les moyens pouvant nous permettre d'aboutir à l'augmentation effective de la production nationale.

Tous les Peuples du monde sont disponiblès. Mais, tous les Peuples ne vont pas à la même cadence vers les objectifs de leur développement, parce qu'ils ne sont pas identiquement organisés, indentiquement éduqués, identiquement conduits.

La responsabilité des cadres dirigeants est donc fondamentale pour la réussite d'une entreprise populaire historique.

Chaques secteur doit repenser le plan qui vient d'être adopté.

L'Armée Populaire doit se dire « combien d'agents en uniforme devront être dégagés chaque année pour participer à plein temps aux différentes actions créatrices de moyens nouveaux en fonction des nécessités annuelles de toute l'Armée ». On fixe alors l'objetif à atteindre dans l'action agricole et on réalise le programme pour que, quelles que soient les difficultés, l'Armée n'ait plus à demander à un paysan ni au Ministère du Commerce Intérieur un kilo de céréales pour l'alimentation des militants en uniforme. L'Armée doit également faire un programme d'amélioration de l'infranstructure. Elle doit dégager également un effectif de militants en uniforme chargés, soit de la taille de pierres, soit de la fabrication de briques cuites et à un rythme qui puisse lui permettre chaque année de pouvoir bâtir un certain nombres de logements nouveaux afin de moderniser les possibilités d'accueil des casernes. Tout doit être pensé en fonction du bonheur. **L'homme devient ainsi esclave de sa volonté de progrès, convaincu que tout ce qu'il fournira d'efforts se reconvertira en facteurs réels de joie, grâce à la satisfaction de ses besoins en vue de réaliser sa personne.**

La Milice Populaire doit elle aussi être rationnellement utilisée. On nous dit souvent : « pourquoi faire venir tout le monde à Conakry au Camp Kwamé N'Krumah ? » On oublie de dire toutefois que ce camp a été construit par les premiers miliciens. Et pourquoi, au niveau de chaque CGR, un programme de fabrication de briques cuites et l'édiffication d'un nouveau camp ne figurerait-il pas dans un plan de pose d'infrastructure nécessaire à la décentralisation du fonctionnement de la Milice Populaire ? On peut bien, d'ici deux, trois, quatre ans, en tout cas d'ici les cinq ans, avoir un camp semblable au niveau de chaque Commissariat Général de la Révolution. Si on en décide ainsi et si on organise en conséquence la Milice Fédérale et la Milice Nationale, ce programme peut être réalisé.

Voyons aussi les Travaux Publics. On a parlé, de l'état défectueux d'une partie du réseau routier. Mais en étudiant cette question de près, on constatera que ce n'est pas seulement un problème d'équipement parce qu'aujourd'hui, nous avons un niveau d'équipement de TP supérieur à ce qui existait. C'est une question de comportement quotidien des hommes.

C'est le comportement défaillant qui est à la base de la détérioration de ce qui méritait d'avoir une sollicitude de tous pour être sauvegardé en tant que partie du patrimoine national.

Chaque PRL est dirigé par une équipe élue. Parmi les 7 dirigeants, il y a un responsable des Travaux Publics. Que fait-il en fonction de la mission qui lui est confiée, du titre qu'il porte ! Nous répondrons « rien ». Il se contente tout simplement de s'appeler Chef du Service Local des Travaux Publics. Rien ne le différencie de celui qui ne porte pas ce titre. Quel est le Chef de subdivision des Travaux Publics qui a pris l'initiative de réunir tous les responsables chargés des Travaux Publics dans les PRL pour essayer d'organiser quelque action à partir d'eux ? Quel est le Comité Directeur ou le Bureau Fédéral qui a fait ce travail ? Voilà que les sutructures ont été créées mais elles ne fonctionnent pas comme nous le voulons. Désormais, les cadres doivent s'imposer l'effort de faire fonctionner les structures créées, lesquelles ne peuvent pas fonctionner d'elles-mêmes.

Nous avons un Personnel des Travaux Publics dans toutes les Régions, chargé de l'entretien des routes. Mais ce personnel, pléthorique d'ailleurs, ne réside qu'au Chef-Lieu de la Région. Sa tâche consiste, le matin, à rejoindre les locaux des Travaux Publics et, après les heures de travail, rejoindre la résidence. Nous les voyons rarement avec les pioches, pêles, etc... en train de faire quoi que ce soit sur la chaussée.

C'est pourquoi, **nous devons nous reconvertir et reconvertir les moyens existants.**

Supposons que nous sommes Secrétaire Fédéral ou Gouverneur d'une Région donnée. Nous allons d'abord prendre connaissance de l'effectif de tout le personnel des Travaux publics chargé de l'entretien des routes. Nous allons systématiquement répartir cet effectif entre tous les villages bordant les routes de notre Région. Les équipes résideront en permanence dans ces villages. L'équipe qui est dans tel village s'occupera du tronçon allant de ce village jusqu'à tant de kilomètres du village suivant le plus proche, dans chaque sens de la même route. Chaque équipe est ainsi responsable du maintien de l'état de praticabilité correcte du tronçon de route qui lui est confié. Le salaire de ces agents sera envoyé au Maire du PRL de résidence dont la population devient également collectivement responsable de l'entretien du tronçon de route concerné. Chaque mois, les travailleurs seront payés en fonction des tâches concrètes accomplies. Ainsi tout le monde se sent coresponsable du parfait entretien de ce tronçon de route. Voilà un cas où nous aurons adapté la situation actuelle aux impératifs que nous venons de déterminer.

Un autre exemple est l'habitat où nous accusons également un retard considérable et cela parce que nous ne disposons pas d'usines appropriées pour nous procurer tous les éléments constitutifs d'un habitat moderne. Certes, bientôt l'usine de Klincker commencera à fonctionner, mais puisque nous avons déjà créé un service de l'Habitat, des Domaines et de l'Urbanisme dans chaque Région, nous devons, à travers les autorités régionales, aider les travailleurs artisans à se constituer en coopératives que l'Etat équiperait sous une forme de prêt pour que chaque coopérative ait au moins les moyens de travail. **Ainsi, dans chaque région, il pourrait être créé des coopératives de tailleurs de pierres, des hommes qui ne font à longueur de journée, que tailler des pierres.** Quiconque veut construire un logement moderne s'adresse à la coopérative. Nous devons aider ces coopératives à s'équiper et leur prescrire des tâches permanentes. Cela aiderait à la construction rapide des logements modernes dans les régions.

Prenons le Commerce qui crée, de temps en temps, des soucis au Parti-Etat avec la malhonnêteté dont ont fait montre certains cadres dirigeants de ce secteur. Ce qu'il faut préserver, c'est l'intérêt du paysan, l'intérêt du Peuple vivant dans les villages. **On peut envisager aujourd'hui la création d'une unité commerciale au niveau du lieu d'installation de chaque FAPA. Tous les producteurs de café, de palmistes, de riz, bref, de biens pour la consommation intérieure ou pour l'exportation,au lieu de venir jusqu'au chef-lieu, viendraient au siège de la FAPA vendre leurs produits.** IL serait également créé au niveau de la FAPA un magasin de vente des marchandises dont les paysans ont le plus besoin. Les jeunes agronomes, conducteurs de travaux agricoles, contrôleurs des Eaux et Forêts, vétérinaires, agents de conditionnement qui se trouvent dans les FAPA feront le conditionnement des produits achetés aux producteurs pour les livrer à l'ERCOA. IL y aura, par exemple, des engins pour décortiquer certains produits avant de les livrer à l'ERCOA. Voilà un moyen qui nous permettrait de raccourcir le circuit production-consommation.

Egalement, la sélection des semences céréalières s'y effectuerait plus aisément qu'au niveau de l'ERCOA ; puisque c'est la production de l'Arrondissement qui est commercialisée ; la statistique de la commercialisation peut valablement être tenue par un cadre de la FAPA. La sélection des sémences se fera mieux, car les jeunes des FAPA ont la formation nécessaire et peuvent assurer une meilleure conservation de ces semences et le suivi de la production. Ce serait là une forme d'utilisation rationnelle des moyens existants ; un agent de la FAPA sorti de l'université est infiniment plus qualifié que le magasinier d'une ERCOA pour effectuer ce travail.

Les statistiques agricoles, animales ne sont pas bien souvent correctement tenues. Pourquoi cette fonction ne seraitelle pas maintenant effectivement remplie par des agents de la FAPA ? Les jeunes fermiers sont mieux qualifiés. Au niveau de chaque Arrondissement, nous avons une équipe de 30 à 50 universitaires ayant le grade d'ingénieurs ou d'aides-ingénieurs. Nous devons utiliser le savoir et le savoir-faire de ces jeunes pour avoir une statistique correcte des données agricoles des quelques dix villages de l'Arrondissement. Le traitement phytosanitaire, au lieu de dépendre toujours du Chef-lieu, doit être organisé au niveau de l'Arrondissement dès lors que des cadres capables y existent. Quand la FAPA sera une Coopérative autonome, une fonction ainsi assumée par la Coopérative qui succèderait aujourd'hui à la FAPA , pourrait être bien rémunérée, puisque les coopérateurs ont la capacité de rendre les services qui leur seront demandés.

La justice, elle, est démocratisée au maximum. Il y a plus de 95 % des magistrats guinéens qui son élus. Un cadre merveilleux pouvant mettre en relief la personnalité et la volonté de justice de notre Peuple existe là. Mais faut-il qualifier davantage son contenu de qualité pour que les magistrats élus n'aient pas à se contenter des titres, mais qu'ils deviennent effectivement des agents aptes à rendre la justice comme le veut le Peuple. Cela suppose un minimum de formation, car chaque métier a sa technicité. Il serait bon de les réunir au niveau de chaque région, ne serait-ce que deux fois ou même une fois par an, en séminaire, pour les instruire non seulement sur l'importance de leur mission — la justice populaire — mais aussi sur la procédure à instaurer dans l'instruction des affaires.

Tout cela est nécessaire si nous voulons que la vie du PRL, qui est un cadre, corresponde à un contenu actif et utile au progrès continu de notre Peuple pour être davantage dynamisée.

Désormais, chaque Service Local d'un PRL doit être envisagé comme un moyen d'action, dans le PRL, de dynamisation de la vie sociale, économique, politique, technique et culturelle de notre Peuple. En conséquence, les cadres du Pouvoir Révolutionnaire d'Arrondissement, ceux du Pouvoir Révolutionnaire Régional doivent s'employer à leur assurer une formation conséquente, en tout cas veiller sur eux, les informer et les former afin que chaque année, ils puissent jouer pleinement le rôle qui leur revient.

Prenons le Chef de Service Local chargé des communications. Allons dans n'importe quel PRL et posons la question : « les lettres des militants de ce PRL à déposer au Bureau de poste, qui s'en occupe » ? C'est tout le monde, mais pas lui ! Les lettres destinées aux villageois venant du Bureau central des PTT, qui les achemine ou les distribue ? C'est tout le monde, mais pas lui ! C'est pourquoi, il ne s'agit plus d'inventer de nouvelles formules, il faut concrétiser celles qui existent, quand on sait que leur valeur est irréprochable.

Chaque région doit étudier effectivement la strucure des organismes dirigeants : Bureau du PRL, Comité Directeur, Bureau Fédéral, et mettre les cadres en mouvement pour que les fonctions dont chacun porte le titre correspondent effectivement à un service utile qu'il aura rendu au Peuple.

Prenons le cas des Chefs du Service Local de la Production. Nous les réunissons en séminaire. Nous leur faisons toucher du doigt l'importance de leur mission. **Y a-t-il une plaine nécessitant un petit aménagement ? Nous y attirons leur attention. Chaque année il y a inondation ou manque d'eau. Telle plaine peut être aménagée suivant telle ou telle technique. Y a-t-il des drains à faire ? Quand on a tout simplement 200 m, 100 m ou 50 m de drain, de canalisation à créer, on met au travail tout le village par investissement humain. Si le travail n'est pas terminé en un an, à la deuxième ou à la troisième année, ce travail est terminé. Il n'y a plus de calamité naturelle. On a maîtrisé l'eau et le rendement de la production sera doublé.**

Certes, il manque à la Nation les moyens financiers, mais si on attend que les moyens nous viennent du ciel, on freine alors le développement du pays ! **Ce qui manque au Peuple, c'est au Peuple à le créer ! La première richesse, c'est la volonté de progrès et l'adhésion de l'homme au travail.** Ce qu'il ne peut pas faire en un mois, il peut le faire en 6 mois. De toutes les façons, il aura eu plus de maîtrise sur la nature.

Nous parlons de succès de certains pays dans le domaine agricole : Etats-Unis d'Amérique, Chine, Vietnam, Corée du Nord, etc. Mais il faut tenir compte des exigences auxquelles se sont soumis les citoyens de ces pays. Pendant longtemps, la durée quotidienne du travail était de 11 heures par jour, ensuite de 10 heures, et maintenant de 9 heures dans ces pays-là, qui nous envoient du riz. Et ici, même pour 7 heures et demie de travail, on trouve que c'est trop dans une journée et on triche avec cette durée minimale ! Quant aux paysans, eux aussi, ils ne travaillent pas les 12 mois de l'année. Si nous voulons combler le retard, **il n'y a pas de prière à faire. Il faut se mettre au travail et accepter la sueur. Pas de prières puisque, nous travaillons pour nous-mêmes et non pour une puissance étrangère. Il est mieux d'accepter les efforts que de tendre la main à d'autres Peuples travailleurs pour qu'ils viennent nous nourrir. La dignité, c'est de se suffire. Nous devons continuer à bâtir cette dignité et nous sommes à même d'atteindre l'autosuffisance.** Grâce à Dieu, notre terre est fertile. Nous avons plus d'eau que beaucoup de pays. Il ne nous reste qu'à mettre en œuvre une meilleure organisation du travail et les méthodes convenables pour un travail continu. **Les paysans peuvent dès maintenant, avec les moyens modestes, comme cela s'est vu dans beaucoup de pays, procéder à de petits aménagements**

hydro-agricoles. Certes, pour certaines zones, il faudrait des moyens modernes que l'Etat devra mettre à leur disposition. Mais, puisqu'il y a près de 2 millions de paysans, des milliers et des milliers de champs, aidons, assistons les paysans pour que tout ce qui peut être fait par eux le soit en attendant que des moyens plus puissants puissent intervenir et effectuer des travaux plus importants. On dit souvent que « si quelqu'un doit laver votre dos, au moins lavez-vous le ventre qui est à la portée de votre main ».

DU COMMERCE

Toujours dans le cadre de la mobilisation de toutes les couches sociales sur le front du travail, nous nous sommes penchés objectivement sur le cas des commerçants privés à propos desquels la contre-révolution s'est répandue en propos subversifs.

Nous n'excluons personne de la classe-Peuple. Ce sont les individus qui s'en excluent, d'eux-mêmes, par leurs comportements anti-Peuple : indifférence face à l'effort de développement, résistance au travail, malversation, escroquerie, égoïsme, tendance à l'exploitation de l'homme, etc...

Nous devons considérer tous les autres moyens comme devant être adaptés harmonieusement aux impératifs de la nouvelle, action de développement économique, social et culturel de notre pays. Ce n'est pas le moyen qui se met en mouvement. La machine la plus perfectionnée ne peut fonctionner d'elle-même. Il faut que l'homme s'y mette et l'homme n'intervient sur la machine et avec la machine qu'en fonction de ses propres capacités : capacités intellectuelles et morales, capacités techniques et technologiques. Il intervient aussi en fonction de sa volonté. Si celle-ci est négative, il fera un mauvais usage de la machine. Si elle est positive, la machine ne sera utilisée qu'à des oœuvres de portée historique et sociale favorables à l'émancipation de la société.

Ils doivent également avoir la conviction que la mobilisation et l'encouragement, à cet effet, de tous les privés qui ont les moyens et la compétence de créer ces entreprises, et qui ont l'intelligence de comprendre qu'ils doivent le faire, non seulement pour avoir une vie aisée, mais encore pour assurer le développement du Peuple, est une démarche juste, toute conforme à la Révolution Populaire.

Nous affirmons que l'existence d'une telle catégorie d'entrepreneurs et de commerçants privés, si ceux-ci font preuve du dynamisme nécessaire, constituera l'épreuve qui qualifiera davantage les agents de l'appareil d'Etat, tant en honnêteté qu'en compétence, et à tous les niveaux, et leur conférera une dynamique nouvelle.

Il est nécessaire et bon qu'aujourd'hui des privés capables, compétents et décidés à le faire, puissent créer et faire prospérer de petites et moyennes entreprises telles que :

1 — Des petites industries agro-alimentaires ;

2 — Des petites industries de matériaux de construction et d'équipement des logements ;

3 — Des petites industries d'articles et de produits ménagers ;

4 — Des petites industries d'habillement ;

5 — Des petites industries d'articles de conditionnement comme les sacheries, par exemple.

Cette liste n'est guère exhaustive. Il est permis à toutes les initiatives créatrices privées de se manifester. Et si ces privés s'organisent en Coopératives de Production, l'Etat pourrait leur venir en aide. De telles activités conduites par des privés, suffisamment intelligents pour être honnêtes avec la Révolution Populaire, nous permettraient alors de satisfaire davantage les besoins du Peuple dans plusieurs domaines.

Il est également nécessaire et bon que certaines formes du commerce populaire soient confiées à des privés, à charge pour les cadres du Pouvoir Révolutionnaire de rester vigilants et de ne jamais se laisser entamer par la corruption, ni de devenir des commerçants par agents privés interposés.

Voilà, de nouvelles voies de dynamisation de l'action du Parti-Etat dans le développement économique, matériel et socio-culturel du Peuple.

C'est que notre Parti-Etat tient toujours à permettre à chacun de contribuer honnêtement à l'édification de la prospérité de la société. A preuve, nous venons de réorganiser le Commerce Populaire afin qu'il soit permis à chacun d'être inséré dans le programme de développement de notre pays.

Nous avons toujours attiré l'attention des cadres sur la différence entre la stratégie et la tactique politique du Parti-Etat dans tous les domaines d'activités.

Encore une fois, la stratégie a trait à la finalité, au but visé, tandis que la tactique concerne l'ensemble des moyens mis en œuvre dans chaque séquence de temps, pour atteindre les objectifs. **Autrement dit, en la matière, il s'agit de définir le pourquoi et le comment de la démarche.**

Le Pourquoi du Commerce Populaire . Nous voulons que notre système commercial, conçu comme un facteur de développement, participe effectivement, dans le cadre de notre système économique, à l'augmentation de la circulation marchande, fouette la production et que ses structures servent finalement, en tant qu'institutions de la Révolution, à la satisfaction des besoins du Peuple. L'agencement des structures doit être de nature à préserver les acquis du Peuple et à accroître les instruments d'édification d'une société prospère, une société basée sur l'égalité économique et sociale

Le Commerce Populaire a pour tâches la consolidation des rapports entre le secteur de l'industrie et celui agro-pastoral, la qualification de la distribution et de l'offre des biens, l'organisation d'un marché cohérent à l'échelle de notre pays jusque dans les Pouvoirs Révolutionnnaires Locaux les plus reculés.

Le Comment du Commerce Populaire ? Il s'agit là de faire preuve d'intelligence pour dégager tous les moyens concourant à la réalisation des buts fixés.

Ainsi, le Parti préserve la rigueur de sa ligne et oriente sa politique en fonction de situations concrètes prévalant dans le pays. Chacun sait que le Commerce est un secteur où domine l'intérêt personnel. On sait, dès lors, que c'est un secteur dans lequel l'ennemi de classe peut agir dans un sens contraire à celui de la Révolution. Mais la Révolution guinéenne est une Révolution mûre, qui a déjà fait ses preuves.

Elle n'en est plus au stade d'un mouvement politique reculant devant l'ennemi de classe. Elle est forte de la vigueur de ses institutions, de la justesse déjà éprouvée de sa ligne et de la fidélité de ses cadres à son programme. Que l'ennemi de classe dise que nous revenons sur nos positions, nous lui laissons cette liberté de vivre d'illusions sur nos objectifs. Ce qui est certain, c'est que la Révolution Guinéenne ne renoncera jamais à son programme d'édification du bonheur du Peuple par le Peuple et pour le Peuple.

Il ne faut pas oublier que le commerce est un ensemble de rapports sociaux et économiques. Cette activité relève donc de la super-structure, autrement dit, de l'idéologie de l'Etat qui met en place des mécanismes institutionnels, les oriente et les actionne.

Que voulons-nous en Guinée ? Nous voulons d'une société dans laquelle l'homme ne doit pas recourir à la ruse pour vivre, une société où l'homme ne vivrait pas des fruits du Travail de son prochain, mais produirait pour lui et pour le développement de la société. C'est pourquoi, nous n'hésiterons jamais à procéder à des réformes nécessaires à la consolidation des bases économiques et sociales de notre Révolution.

Le Parti Démocratique de Guinée n'a jamais considéré ses démarches comme des voies absolues, figées et définitives. D'ailleurs, à chaque phase, nous attirons l'attention des cadres sur la nécessité d'analyser les conditions objectives du présent, de juger de la valeur des moyens utilisés par la Révolution face à un objectif donné.

En fait, il s'agit à tout moment de veiller sur la justesse du style du travail, pour chaque étape à parcourir, sur l'impact du résultat de ce travail sur la vie des masses laborieuses. Ainsi, la réforme actuelle du Commerce Populaire ne fait qu'élargir et garantir les perspectives de bonheur du Peuple. Effectivement, ces perspectives de prospérité sont assurées. Pourquoi ? Parce que la production et l'acquisition des biens d'une part, la répartition ou la distribution équitable de ces biens d'autre part, sont pour nous dialectiquement liées.

C'est pourquoi, lorsque nous mettons un accent particulier sur la production, nous sommes très loin de négliger l'importance, au bas mot, du ricochet du commerce sur la production. En effet, le commerce ravitaille en marchandises et denrées diverses les populations laborieuses, et en matières premières, les unités industrielles. Sans son canal, la production industrielle, agro-pastorale et artisanale ne peut circuler avec la fluidité nécessaire à la santé de l'économie nationale. Lorsque le mécanisme d'achat des produits de l'agriculture, de la pêche et de l'élevage et celui du ravitaillement des zones rurales sont satisfaits, le Commerce Populaire peut bien fouetter la production agro-pastorale et artisanale. Donc, lorsque le mécanisme de cette distribution ou de cette répartition rencontre des obstacles liés à la bureaucratie ou à l'absence de conscience civique, nous enregistrerons une perturbation du processus de la reproduction sociale, ce qui a pour effet de freiner ou de bloquer sérieusement le développement économique. Et c'est pourquoi, nous avons le devoir de critiquer les comportements afin que la situation soit redressée en faveur du Peuple. A tout moment, une Révolution doit avoir la force et le courage nécessaires pour examiner de façon critique la conduite de sa marche. Cela ne veut pas dire, encore une fois, que la Révolution véritable revient sur ses objectifs. Au contraire, elle qualifie ses démarches pour atteindre le plus rapidement possible ceux-là. L'essentiel, pour la Révolution, est de veiller aux comportements collectifs et individuels en vue de l'édification d'une société basée sur l'égalité, la démocratie et la paix. **La réforme du Commerce Populaire que nous avons proposée n'a d'autre objectif que l'augmentation de la prospérité du Peuple.** L'homme ne peut pas prétendre à la connaissance absolue du devenir. Seul Dieu a une connaissance de ce genre. **L'homme agit, et au cours de l'action, il corrige son comportement, ses conceptions.** C'est pénétré de cette vérité, que nous avons jugé utile, comme l'exigeait notre Parti révolutionnaire, de procéder à la critique serrée de la situation du Commerce, afin que le Peuple continue toujours à jouir de ses propres efforts créateurs, donc de ses biens matériels et immatériels

Le but fondamental de la Révolution Populaire est d'anéantir toutes les sources d'exploitation de l'homme par l'homme, et du point de vue de la propriété des moyens de production, et dans les rapports sociaux. Toutes les sources d'enrichissement sur le dos du Peuple, exploitées par certains dirigeants des appareils de l'Etat doivent être repérées et détruites. Aussi, notre Parti a toujours encouragé et encourage encore tous les citoyens à travailler à l'édification de la nouvelle société. **Que l'individu travaille à la Fonction Publique ou qu'il soit entrepreneur ou commerçant privé, l'essentiel est de galvaniser toutes les énergies, d'utiliser toutes les intelligences honnêtes en vue de la construction d'une société démocratique.** Pas de contradiction, en fait, entre le Commerce Populaire et le commerce privé pour la simple raison que celui-là recouvre et contrôle celui-ci. En effet, le commerce privé augmente le fonds de marchandises nationales, donc la circulation marchande. Après que le Parti ait encouragé cette complémentarité, qu'on dise donc : « Ah ! Voilà du nouveau ! » Pour les révolutionnaires, cela est tout à fait normal, car c'est précisément le nouveau et le renouveau que recherche la Révolution. Ce nouveau et ce renouveau, c'est l'insertion harmonieuse, dynamique et utile d'une classe sociale réputée versatile face aux changements sociaux concernant son intérêt, dans le processus économique et social de la Révolution. Pour cette insertion, le Parti ne procède guère à des ruses sociales. Il dispose de moyens dont l'usage moral n'est critiqué ou contesté que par les gens de mauvaise foi ! Quels sont ces moyens ?

Nous avons affirmé que, déclenchée par une minorité ou par un groupe social, la Révolution Populaire a cette vertu de transformer l'ensemble de la société. C'est pourquoi, nous sommes convaincu que, grâce à la formation idéologique et politique, l'esprit du commerçant ou de l'entrepreneur privé peut être reconverti en celui de la classe du Peuple, celui des militants utiles à la société. Ensuite, cette reconversion est accompagnée du respect de l'intérêt individuel dans la mesure où cet intérêt n'est pas en contradiction avec les objectifs de la Révolution sociale. **Si la marge bénéficiaire est fixée de telle sorte qu'elle ne porte pas atteinte à l'intérêt du Peuple, elle constitue un solide levier économique et moral qui joue sur l'accélération du processus de développement économique de notre pays.** On craint, à juste titre, la spéculation et ses conséquences négatives sur l'existence des masses, sur la distribution des biens et la stabilité des prix. S'il y a spéculation, c'est que les responsables chargés d'actionner les freins à cette pratique, n'auront pas fait leur travail. Quand les sources d'Etat de dotation en marchandises des commerçants privés sont bien contrôlées, quand les organismes de contrôle des prix travaillent honnêtement et quand ils obligent les commerçants à respecter la marge bénéficiaire légale, les prix et la morale révolutionnaire en matière de ventes équitables dans l'intérêt et au profit de tous les citoyens, le Commerce Populaire y gagne sûrement dans son rôle d'augmentation du niveau de vie du Peuple.

L'Etat Populaire doit donc continuer à contrôler le mécanisme des prix pour que le pouvoir d'achat de l'ouvrier, du paysan ou de l'artisan, reste ce minimun garanti qui, il faut le rappeler, n'est guère respecté dans beaucoup d'Etats . Il suffit de s'informer sur les prix des marchandises fixés ailleurs pour être convaincu que le Pouvoir Populaire Révolutionnaire Guinéen veille sur le processus d'amélioration des conditions de vie du Peuple, à tous les stades du processus de la production et de la reproduction économiques et sociales de la Nation.

DU TRAVAIL

Encore une fois, notre nouveau Plan Quinquennal est un engagement. C'est un choix qu'on ne nous a pas imposé. Il est un acte de souveraineté d'Etat dans la manière de conduire le développement économique et social de notre pays. Pour respecter scrupuleusement cet engagement, pour faire montre d'attitude conséquente vis-à-vis de ce choix libre, mettons-nous davantage au travail et n'acceptons guère d'oisifs parmi nous et autour de nous. « **Des actes rien que des actes !**» Cela signifie que devons nous être exigeant vis-à-vis de nous-mêmes, que chaque travailleur doit exiger de lui-même d'être, chaque jour ouvrable, au travail à 7 h 30 pour ne l'interrompre qu'à 15 heures, sauf le vendredi où l'on cesse le travail à 13 heures. Cela signifie également que tout un chacun doit contraindre ceux qui sont autour de lui à respecter les mêmes horaires de travail. Cela veut dire enfin, que nous devons nous former en permanence pour conférer au travail que nous exécutons une plus haute qualité.

Nous dirons, et ce ne sera ni la première ni la dernière fois, qu'au cours de nos différentes Sessions de travail, les déclarations honnêtes aident le Parti-Etat à inventorier ses carences et à qualifier toujours davantage son style de travail. Il va de soi que, si nous travaillons sur des données fausses, nous ne tromperons que nous-mêmes. Comme nous le disons, en Afrique, « nul n'est autorisé à parler sans obéir à l'état de sa langue qui est suffisamment lourde afin de lui permettre de réfléchir ».

Ce que nous retenons donc de la 46e Session, c'est la double action qui veut ;

1° Que soient sauvegardés les acquis de nos luttes antérieures que ces acquis soient adaptés aux impératifs de l'action nouvelle pour avoir un caractère d'utilité plus accrue

2° Que nous accroissions nos moyens intellectuels par la formation et la surformation. Nos moyens matériels organisationnels doivent être qualifiés, nous devons les qualifier en permanence. **Nous devons retenir comme point central que c'est par le travail et dans le travail que tous nos rêves pourront devenir des réalités de bonheur, alors que sans le travail, nous nous serons condamnés à végéter, à regresser. Nous n'avons même plus de choix. Quand nous avons déjà choisi le progrès, nous avons implicitement choisi le travail qui crée le progrès. Ce qui nous reste, c'est de savoir mieux organiser ce travail dans l'espace et dans le temps, adopter les meilleures méthodes, contrôler ce qui est fait, diffuser la technique de ce qui est bien fait, analyser ce qui est mal fait, connaître les raisons déterminantes de l'insuccès pour les éviter à l'avenir. Donc il faut toujours avoir une idée des réalités qu'on doit transformer.** Nous devons donc aimer le travail et le bien faire.

Mais l'agriculture, l'élevage, la pêche vont utiliser plus de crédit de ce Plan que les autres secteurs, tout simplement, parce que nous avons su avec pertinence que le secteur agropastoral demeure la base fondamentale du développement économique à réaliser. **Nous sommes amené à considérer la FAPA comme le moteur de ce développement, non pas parce que les fermiers sont plus nombreux que les paysans, mais parce que qualitativement, ils ont reçu une formation adéquate en avance sur le niveau moyen général de nos paysans, et que de leur réussite dépendra la réussite de la paysannerie en général. Si les FAPA échouent, les perpectives d'un redressement de la sitiation de notre paysannerie s'élimineraient du coup. Nul doute que la FAPA est le nerf vital de la Révolution.**

La classe ouvrière doit s'adapter aux imppératifs du progrès voulu par les résolutions que nous venons d'adopter. Elle qui doit se considérer comme la véritable base du progrès révolutionnaire, la véritable base sociale du Parti-Etat guinéen. Elle ruinerait ses propres chances d'émancipation si elle n'entourait pas le travail d'un plus grand sérieux et n'exécutait pas le travail avec compétence.

C'est pourquoi la Charte du travail Récement adoptée devra servir à la dynamisation du comportement de la classe ouvrière, ramener tout au taux d'utilité du travailleur, débarasser le travailleur de tout ce qui est superficiel, de tout ce qui ne peut être qu'arbitraire et injuste.

Nous disons donc que la CNTG, les CRT, les CAT, les CUP, les Sections Syndicales, les CUM doivent se saisir de la nouvelle Charte du Travail pour la populariser au maximum et étudier de façon pratique, à tous les niveaux, les conditions objectives de son application intégrale.

Les artisans sont à organiser aussi. Et nous nous rendons de plus en plus compte que c'est un secteur qui risque de péricliter si la Révolution ne s'en occupe pas comme cela se doit. L'artisanat est une des richesses de la civilisation et de la culture de notre pays, et nous devons tout faire pour sauvegarder et développer cette richesse qui est l'expression du génie créateur de notre Peuple.

Aussi, une importante décision déjà prise par le Conseil National de la Révolution, au cours de ses Sessions précédentes, a visé la formation de la jeunesse dans les différents corps de métiers. Il s'agit ici précisément des IPS (Instituts Polytechniques Secondaires). Nous avons perçu l'importance de ce secteur de formation, parce qu'il faut que le pays dispose suffisamment d'ouvriers qualifiés. C'est encore une honte que, pour construire une maison, pour exécuter quelques travaux spécialisés, où que ce soit en Guinée, on soit obligé de s'adresser à Conakry pour y recruter les ouvriers qualifiés. **L'indépendance, c'est la capacité de résoudre les problèmes. L'indépendance, ce n'est pas tant par rapport à un ancien maître, mais par rapport à la nature, par rapport à la vie que l'on maîtrise. C'est cela être indépendant.** C'est pourquoi, nous devons ce secteur toute l'importance ainsi remplir la tâche que demande notre Peuple, à savoir disposer de suffisamment d'ouvriers qualifiés dans tous les profils afin d'assurer une meilleure exécution des tâches pratiques de transformation de sa vie matérielle.

Nous avons mis l'accent sur l'action du PDG, Parti-Guinéen du Travail, et nous avons dit que le travail se fait sous toutes les formes : il est intellectuel. **Tout travail est intellec-**

tuel, car avant d'agir, il faut concevoir. Tout travail a ainsi un aspect, un coefficient intellectuel s'il est fait par l'homme. Et le développement de l'intelligence, des connaissances chez l'homme entraîne aussitôt l'augmentation de la capacité de travai, de la compétence de cet homme. C'est pourquoi, comme cela avait déjà été indiqué par diverses Sessions du Conseil National de la Révolution et même par les Congrès qui ont adopté les précédents Plans de développement, **nous devons considérer toutes les Unités de Production commme des centres de formation, de perfectionnement et de surformation. Il faut que les meilleurs, par des causeries, aident au relèvement du niveau de compréhension ou de savoir-faire des autres travailleurs du même secteur.**

Le travail est également politique, car la production politique crée l'intensité de la Révolution sur le front du travail. Ce travail est aussi utile, sinon même plus utile que d'autres formes de travail. En effet, c'est lui qui assure le développement de la formation idéologique et politique liant constamment l'homme à la société et l'amenant à toujours donner à son comportement, à tout travail qu'il fait, un parfaite moralité. La maturation intellectuelle précède toujours le travail matériel, technique. Aussi faut-il que, dans nos différents secteurs la surformation, soit organisée pour que nos militants accèdent au degré le plus élevé possible de formation technique et technologiaue.

Des décisions ont été prises et elles sont nombreuses, toutes valables. Nous devons les actualiser.

Nous voulons et nous devons nous réhabiliter, nous mettre à l'heure des exigences du progrès de notre Peuple, conférer à notre comportement un taux d'utilité réelle et un taux d'éfficacité dans l'action que nous conduisons. Ce qui exige de nous des intiatives créatrices à tout moment, en tous cas la constance dans les efforts à engager dans tous les domaines pour créer les biens matériels nécessaires au bonheur de notre Peuple.

Nous l'avons dit, mais nous le répétons avec force : **désormais, à toute nouvelle session d'une instance nationale, régionale ou locale du Parti-Etat Guinéen, le premier point de l'ordre du jour, c'est de donner lecteur de la résolution adoptée par la précédente session, donc de déterminer les points de**

cette résolution antérieure qui sont réalisés et ceux qui ne le sont pas. Ceux qui ne le sont pas, nous ne les discutions plus, on doit les appliquer.

Cette pratique éviterait la répétition des mêmes mots à chaque occasion de réunion. On n'a pas à inventer de remède, il a été trouvé auparavant c'est dans une résolution, alors appliquons le remède ; inutile de transposer la disposition d'une résolution dans une nouvelle résolution, et indéfiniment. Cette méthode créera un étét de conscience et exigera des cadres dirigeants du Parti un véritable compte-rendu des tâches qui leur ont été confiées.

la Révolution est exigence, exigence de qualification des hommes, exigence de perfectionnement continu des moyens que les hommes utilisent, et la Révolution, c'est l'offensive qui veut que l'on prévoie les étapes à venir, qu'on les étudie avant même de les aborder afin qu'en homme averti, le militant sache les difficultés qui l'attendent ; ettrempé dans sa propre volonté de les surmonter, il ne manquera pas de vigilance et de fermeté pour traverser la période nouvelle.

Les contre-révolutionnaires ne peuvent plus réussir sans passer par nous. C'est lorsque nous-mêmes, nous oublions d'exécuter nos tâches ou trichons avec le Peuple qu'alors, la contre-révolution est servie par nous ; sans quoi, il n'y a plus de place en Guinée a quelque contre-révolution que ce soit

C'est dire que nous devons nous acquitter de notre mission, en réalisant. Que chaque jour serve à la sauvegarde et à l'accroissement des acquis de notre Peuple. Ainsi, tous les complots intérieurs et extérieurs seront condamnés à l'échec le plus cuisant, parce que non seulement nous aurons renforcé les bases matérielles et immatérielles de la Révolution, mais aussi nous aurons accru les moyens de lutte pour écraser tout porteur de velléités de remise en cause de la Révolution en Guinée.

Avec le travail et dans le travail, nous avons l'assurance de la victoire. C'est pourquoi, nous devons savoir que le travail est au début, au centre et à la fin de toutes nos activités.

Nous devons nous nourrir suffisamment, pourquoi ? Pour travailler. Nous devons nous instruire, nous former dans tous les domaines. Pourquoi ? Pour encore mieux travailler. Nous devons nous soigner pour donner une solide santé physique, intellectuelle, morale, politique à notre corps, au corps de notre Peuple. Pourquoi ? Pour encore travailler. Nous devons vivre longtemps. Pourquois ? Pour travailler encore mieux. Nous devons donc toujours travailler, parce que le travail est notre soumission à la volonté de Dieu et à la ligne de Dieu. Nous devons toujours savoir travailler et mieux travailler pour nous soumettre aux impératifs du progrès du Peuple. Nous devons encore travailler et toujours mieux travailler pour pouvoir nous qualifier individuellement et collectivement. Car le travail seul est la base de la qualification de l'homme. Enfin, nous devons travailler, toujours mieux travailler pour répondre à toutes les exigences de l'histoire de notre Peuple, pour pouvoir vivre sainement et utilement.

Ahmed Sékou Touré

LA FAPA
RÉVOLUTION VERTE

LA FAPA, SES OBJECTIFS

Des divers métiers que les hommes embrassent, celui dont la portée est directement et humainement saisissable, et qui apparaît aux yeux de tous comme indispensable, demeure, en tout état de cause, le métier fournissant à l'homme l'énergie nécessaire à la sauvegarde de sa vie, c'est-à-dire la nourriture quotidienne. Sans nourriture, en effet, l'homme ne peut plus agir, et à la longue, il ne peut plus penser ! Il devient incapable de satisfaire le moindre de ses besoins. La nourriture a donc toujours préoccupé et essentiellement retenu l'attention des hommes ; elle constitue leur premier besoin. C'est pourquoi, la pratique qui la leur fournit a été généralisée à toutes les sociétés du monde. **Aucun Peuple n'a pu se constituer, se maintenir et se développer, sans avoir pratiqué l'agriculture, l'élevage ou la pêche.** Mais nous atteignons actuellement à un stade où les besoins deviennent de plus en plus nombreux et complexes, d'où l'absolue nécessite de spécialiser les hommes dans le cadre de leur métier afin qu'un nombre déterminé d'hommes puisse produire suffisamment de nourriture pour satisfaire aux besoins de l'ensemble des hommes. Chaque groupe d'hommes ainsi spécialisé a donc un objectif de dimension supérieure à celle de ses besoins propres, cette dimension devant égaler nécessairement, sinon dépasser, l'ensemble des besoins matériels et immatériels de la collectivité toute entière.

Si l'enseignement, la pratique de la transmission des connaissances, des expériences, d'une génération à l'autre, ont été un fait qui a commencé avec l'humanité et qui est à la base de son progrès, aujourd'hui, nous les avons systématisés ; nous les avons améliorés et les écoles qui fonctionnent actuellement transmettent de façon plus qualifée les connaissances, les expériences accumulées, non pas au niveau d'une seule société mais à l'échelle de l'univers. La transformation qualitative du métier de l'instituteur, pour ne citer que ce cas, s'inscrit dans ce cadre. Quelque métier que l'on considère, l'on se rendra compte immédiatement de l'effet de la qualification de la société. **C'est pourquoi, la qualification de la paysannerie doit être considérée comme un objectif indispensable déjà ressenti comme une nécessité évidente, car notre Peuple prend conscience de l'existence sur son sol d'immenses potentialités dont l'exploitation rationnelle, par lui et pour lui, pourrait combler tous ses besoins alimentaires et même l'amener à combler en partie les besoins d'autres sociétés.**

Nous avons également pris conscience du fait de notre rétard dans le domaine de la production des biens alimentaires.

Des villages ont été créés en Afrique depuis des milliers d'années. Durant tout ce temps, par le travail de la terre, nos Peuples ont pu préserver leur existence et la développer. Mais que constatons-nous ? Actuellement 80 % des Africains continuent à pratiquer l'agriculture et n'arrivent pas cependant à satisfaire aux besoins non seulement des paysans eux-mêmes, mais aussi des 20 autres pour cent de la société. Il en est de même de la pêche et de l'élevage. Cette situation douloureuse que connaît l'Afrique doit exalter en nous la volonté de nous mettre à l'heure des exigences d'une évolution sociale conforme à nos propres aspirations.

L'Europe, l'Asie, l'Amérique ont franchi déjà de grandes étapes dans le domaine du développement de leur agriculture, de leur élevage et de la pêche. Si à peine 15 % de la population en Europe, 8 à 10 % de la population aux Etats-Unis d'Amérique sont utilisés dans le secteur de l'agriculture, ils produisent cependant des quantités d'aliments suffisantes pour non seulement la totalité des besoins de leur Nation, mais aussi pour l'exportation.

Ainsi, 8 % de la population américaine pratiquent l'agriculture contre 80 % de la population africaine, les 8 % d'un côté permettent aux 100 % de la société américaine non seulement d'avoir totale satisfaction, mais encore à l'Etat d'exporter des produits agricoles, alors que les 80 % de l'autre côté n'arrivent pas à nourrir même les 20 autres pour cent non cultivateurs. Une telle situation anormale doit retenir nécessairement toute notre attention.

Nous disons qu'en République Populaire Révolutionnaire de Guinée, la plupart des métiers ont subi de profondes transformations qualitative; mais que l'agriculture, quant à elle, reste encore dans une position statique, alors que c'est bien elle qui exige la somme la plus élevée d'efforts. **L'agriculture est infimement plus difficile à maîtriser que tout travail industriel complexe.** L'industrie, une fois maîtrisée, recule ses frontières ; en entraînant, elle appelle dans son avance l'homme à son rythme de progression. Quant à l'agriculture, il n'y a pas que la seule volonté de l'homme qui compte. Les rapports entre l'homme et l'espace comptent énormement, tout comme sont très importants les rapports entre l'homme et le temps. Celui-là qui était simple contenu, doit donc se révéler un contenant, faire montre de capacités, de maîtrise sur son espace et sur son temps. Cette transposition l'amène, non seulement à s'étudier pour se connaître, mais aussi à étudier les conditions naturelles dans lesquelles il vit pour mieux les connaître qu'auparavant, afin de se frayer un chemin le conduisant avec certitude vers un plus grand progrès.

La conscience est donc indispensable au progrès. **Si la conscience, au départ, peut être considérée comme le fruit de la société dès sa constitution, mais au sein de la société, c'est la résultante des premiers actes du travail accompli par les hommes, c'est le travail qui a créé la conscience ; c'est encore le travail qui maintient et développe continûment la conscience. De plus, la conscience a une énergie propre, qui lui permettra de pousser l'homme au perfectionnement constant de son travail et à la qualification continue de son comportement social.**

On a fait accréditer en Afrique que le savant devait vivre nécessairement dans ses maisons climatisées, que les ingénieurs devaient se contenter de commander au lieu de travailler eux-mêmes. Or, si nous sommes justement en retard, c'est parce que le savoir et le savoir-faire ont manqué à la campagne, alors que face à la nature à transformer, nous devons avoir une conscience plus aiguë des nécessités d'un comportement scientifique de l'homme. Ce savoir doit nécessairement revenir à sa propre source, le Peuple sous forme d'actions effectives et non de conseils abstraits.

Si nous avons parlé des Etats-Unis d'Amérique, c'est justement parce que le cultivateur, l'éleveur ou le pêcheur y est en même temps un savant, un ingénieur. Ils ont tous maîtrisé des connaissances techniques très élevées et, **si aujourd'hui les Etats-Unis d'Amérique sont considérés comme une Nation économiquement puissante, c'est parce que bien que l'industrie américaine soit une des industries à la pointe du progrès technologique, l'agriculture américaine constitue encore la base fondamentale du capital financier américain. Ce n'est pas l'industrie, c'est l'agriculture américaine qui, jusqu'à présent, constitue le point d'appui le plus important de l'économie américaine. Il faut donc, en Afrique, un changement qualitatif semblable.**

Dès sa naissance, dès sa sortie de la nuit coloniale, la Guinée indépendante, toute analyse faite, a décidé de considérer le développement agro-pastoral (Agriculture, Elevage, Pêche) comme fondement de son développement économique, et de fournir à la production végétale et animale les bases scientifiques et techniques les plus sûres et les plus élevées.

Le bien fondé économique de cette politique est incontestable, évident.

Les plantes et les animaux constituent des usines qui, sous nos yeux, chaque jour, empruntent au soleil son énergie, à la terre et à l'air leurs éléments pour fabriquer continûment des matières dont nous, hommes, avons besoin pour assurer notre vie, sur tous les plans.

Nous assurer le pouvoir scientifique et technique d'intervenir pour imposer le programme de production et de reproduction de ces plantes et de ces animaux et,.aussi et surtout, passer à l'action pour dominer ce processus en quantité et en qualité au mieux de nos intérêts, des intérêts du Peuple, c'est précisément l'un des objectifs de la lutte de la société pour la domination de la nature, lutte que la Révolution populaire doit porter au plus haut niveau si elle veut prouver sa supériorité sur tout autre régime.

Le développement de l'économie rurale est au cœur de la vie et doit polariser toute notre énergie. Toutes les grandes puissances (sur le plan du développement scientifique, technique et matériel) en ont aujourd'hui conscience qui, dans ce domaine, engagent de vastes efforts scientifiques, techniques et financiers pour gagner ce qu'elles estiment être la Guerre de cette fin de siècle.

Chaque arbre, chaque plante est un mini-capteur solaire ainsi que d'ailleurs les déchets agricoles et domestiques comme le fumier fermenté qui donne du méthane transformable en carburant. Ne voyons-nous pas les eaux usées de Conakry ? Si nous disposions de l'infrastructure requise, leur épuration nous aurait donné des déchets qui, fermentés par les micro-organismes s'y trouvant, nous auraient donné à leur tour de quoi faire marcher l'usine de traitement des mêmes eaux ! Déjà des chercheurs brésiliens travaillent sur un composé d'essence d'éthanol et d'alcool tiré de la canne à sucre distillée ! Certains pourraient penser que nous avons une ambition technologique démesurée par rapport à nos moyens, il n'en est rien. Notre temps, notre situation historique exigent que nous aspirions aux cîmes les plus élevées de la science et de la technique à l'instar des grandes puissances.

Ces puissances savent que les richesses d'ordre biologique sont indéfiniment renouvelables et qu'il nous appartient d'améliorer sans cesse les performances des êtres qui représentent de telles richesses : les végétaux et les animaux. Elles s'aperçoivent surtout que les activités humaines dans le riche univers du biologique sont si diverses, si fécondes en résultats importants et étonnants qu'elles ouvrent au génie humain des perspectives sans bornes.

La Révolution populaire guinéenne ne sera pas à la traîne, surtout que dans ce domaine, comme dans beaucoup d'autres, elle dispose de potentialités d'une richesse à la mesure des légitimes ambitions du Peuple.

Le territoire guinéen se présente comme l'heureuse synthèse de toutes les zones écologiques de l'Ouest-Africain ; et les quatre zones éco-climatiques que l'on y distingue à savoir : la Guinée Martime, la Moyenne Guinée, la Haute Guinée, la Guinée Forestière, offrent à la Nation la possibilité de s'adonner à des activités agricoles couvrant toute la gamme des produits agricoles cultivables dans l'Ouest-Africain. L'eau y coule aussi en abondance et pour le moment, nous domine puisqu'il pleut quand nous n'avons pas besoin de pluie et qu'il ne pleut pas quand nous avons besoin d'eau ! Mais nous saurons bientôt la dominer.

La surface cultivable du territoire guinéen, d'après les études faites, est estimée aujourd'hui à 7 400 000 hectares, soit

30% de la superficie totale du pays. Elle est certes bien supérieure à cette estimation, mais telle qu'elle est estimée, si elle est effectivement et progressivement mise en valeur par tout le Peuple, elle procurerait à toute la Nation une aisance économique et une puissance matérielle qui, jointes aux moyens que recèlent en puissance nos énormes ressources géologiques et hydro-électriques, hisseraient la Guinée, dans les années à venir, à un rang d'où elle n'aurait rien à envier à une quelconque puissance économique.

Mais, il ne s'agit pas de nous laisser bercer par un rêve futuriste. Il s'agit de travailler dans le réel et sur le réel. Le révolutionnaire est un réaliste mû par une conscience du progrès et qui agit par une volonté conséquente.

Face à nos immenses richesses naturelles, nous ne disposons encore aujourd'hui que de moyens scientifiques, techniques et matériels bien pauvres, bien modestes et très en déçà, tant de nos ambitions légitimes que des ressources naturelles réelles que récèlent le sol et le sous-sol de notre pays.

Depuis l'indépendance, nous nous sommes, dans le domaine agricole, enrichis d'une longue expérience qui a certes amélioré la situation alimentaire du pays, mais qui ne nous a pas encore permis d'atteindre l'objetif fixé, **c'est-à-dire nous suffire dans le domaine alimentaire et disposer d'un surplus nous permettant de nous équiper.**

Depuis l'indépendance, nous avons construit des Centres de Modernisation Rurale, tenté de créer des Coopératives de type A et de type B qui ont alors nécessité de gros investissements. Plus tard, au niveau des Pouvoirs Révolutionnaires Locaux, nous avons créé des Brigades de production, les unes attelées, les autres mécanisées, et aujourd'hui, sont détenus par les Pouvoirs Révolutionnaires Locaux quelque 2 500 tracteurs, des dizaines de milliers d'instruments aratoires et des avances financières considérables qui ont servi et continuent de servir chaque année au financement de la campagne agricole.

Mais, bien qu'en trois annuités certains Pouvoirs Révolutionnaires Locaux se soient complètement acquittés des avances à eux consenties, tandis que les autres les ont amorties dans des proportions variant de 40 à 90%, force nous est de reconnaître que les camarades paysans ne maîtrisent pas encore les méthodes culturales qui auraient pu donner aux engins qu'ils utilisent tout leur rendement. D'une façon générale, le rendement à l'hectare, du paddy, oscille entre 500 kg et une tonne alors qu'il y a des pays qui sont déjà à 8-9 tonnes, voire 12-15 tonnes à l'hectare ! Pour atteindre ces performances, il nous manque des moyens que nous devons acquérir.

Mais la Révolution a déjà engendré, en germes les moyens qui nous manquent et conçu le programme de leur développement.

Au plan des moyens humains, depuis la rentrée universitaire d'octobre 1975, chaque année, plus de 70 % de nos bacheliers sont orientés, après concours, dans les Facultés de profil agro-pastoral.

Grâce à cette politique, nous disposons aujourd'hui de près de 4 000 Techniciens du profil agro-pastoral des hiérarchies B, C et D qui travaillent non seulement au sein de l'économie rurale, mais également dans des secteurs relevant d'autres départements.

Ainsi, les agents, vecteurs de la science, de la technique et de la technologie agricoles et zootechniques dans tout le pays, sont créés et se créent chaque jour par la Révolution.

Mais leur simple existence statique ne suffit pas pour changer nos réalités actuelles.

Et, même engagés, si ces agents vecteurs doivent rester enfermés dans les bureaux et si, hors des murs des bureaux ils s'égaient dans la nature et se répandent en conseil auprès des paysans qui, eux, travaillent et n'ont cure des bavards démobilisateurs, s'ils se bornent à cela, non seulement ils resteront inutiles, mais deviendront nuisibles dans la mesure où, d'une part ils vivront des peines du Peuple et, sans payer une partie de leurs dettes, ils auront amené les paysans à tourner définitivement le dos aux méthodes culturales modernes d'autre part, par leur non-efficacité. Ainsi, leur compétence théorique se transforme en incompétence pratique.

Le Parti-Etat a analysé cette situation, et sa Direction nationale a reçu du XIe Congrès National du PDG des directives qu'elle entend appliquer avec vigueur et rigueur.

Le XIe Congrès a décidé de l'implantation, dans chaque Arrondissement (rural), d'une ou plusieurs Fermes Agro-Pastorales d'Arrondissement (FAPA).

Qu'est-ce que la FAPA,

Quels sont ses objectifs ?

Ses objectifs concernent en premier lieu l'organisation méthodique, sur une base scientifique, du développement de la production agro-pastorale par le Peuple.

Notre option est de faire du Peuple l'artisan essentiel du développement agro-pastoral, l'Etat n'ayant qu'un rôle de formation des hommes, d'organisation des hommes, d'équipement des unités, mais celles-ci devant agir à partir des initiatives du Peuple organisé, afin que le développement ait un caractère solide et permanent. Et, pour mener d'une façon méthodique cette politique, force nous est de passer à la création d'un type nouveau d'entreprise de production végétale et animale. La ferme Agro-Pastorale d'Arrondissement, FAPA, est une entreprise dont le personnel doit répondre à des qualifications de connaissances et de capacités techniques faisant d'elle et un point d'appui au développement progressif de la production agricole et animale sur le plan national, et un point d'appui pour les Pouvoirs Révolutionnaires Locaux qui devront trouver, auprès de la FAPA de leur Arrondissement, l'exemple concret et le conseil technique indispensable à l'amélioration des méthodes culturales et à l'utilisation de tout ce qui peut concourir au relèvement du rendement du travail au niveau de chaque Ferme Agricole Communale (FAC), dérivée des Brigades Attelées et Mécanisées de Production. Le but essentiel, c'est donc la modernisation de la paysannerie.

Ayant choisi le Peuple comme agent économique, nous devons tenir compte de ses insuffisances actuelles et de ses possibilités d'action. Or, c'est ce qu'il est encore incapable de faire qui constitue le fossé à enjamber pour donner à l'agriculture, à l'élevage en Guinée, l'allure souhaitée par la Révolution, à savoir une allure toujours plus dynamique.

Il n'y a pas d'activités économiques qui soient davantage à la dimension du Peuple de Guinée que celles relevant du secteur agro-pastoral. Tout le Peuple, ou chaque individu du

Peuple, peut bien apporter sa contribution dans le secteur agro-pastoral parce que la terre existe, ne demandant qu'à être valorisée. Nos eaux sont très abondantes. C'est pourquoi, le Parti se doit, de façon de plus en plus contraignante, de mener le combat en vue de la maîtrise de l'agriculture, en considérant ce combat comme une guerre révolutionnaire que nous devons absolument gagner.

Nous disons que le **développement agro-pastoral** requiert **une activité dynamique, vigoureuse et continue car il s'agit de la satisfaction du premier besoin de la société : la nourriture.** Que l'étranger constate que nous sommes peut-être mal habillés, mal chaussés, cela ne doit pas provoquer chez nous la honte. Qu'il nous manque, par exemple, dans les villages le courant électrique, les frigidaires, cela non plus ne nous fait pas honte. Mais que cet observateur constate que nous qui avons la faveur de la nature de disposer d'une terre excellente pour l'agriculture, de zones de pâturages également bien appropriées pour l'élevage, ne sommes pas nourris convenablement, cela ferait la honte du Peuple de Guinée. C'est pourquoi, **nous devons ériger au niveau d'une obligation nationale, d'une question d'honneur, de dignité, l'accomplissement correct de nos tâtches dans le domaine de la fourniture d'une alimentation correcte et régulière à tous les hommes de notre société.**

Aussi, le Parti n'a-t-il pas manqué, très tôt, d'indiquer que le développement agro-pastoral constitue le fondement du développement économique de notre pays. Il faut développer le secteur rural pour permettre l'amélioration des conditions de vie du Peuple, fournir à la Nation tout ce qui est nécessaire à son alimentaion correcte, permettre à l'Etat d'exporter des produits en volume de plus en plus élevé pour pouvoir importer ce dont il ne peut disposer encore sur place, notamment les moyens d'équipement nécessaires à l'insdustrialisation progressive de l'économie nationale.

L'agriculture doit être développée. Elle intéresse tout à la fois les paysans et les non-paysans, car les habitants des grandes villes qui ne pratiquent pas souvent l'agriculture doivent être tout de même nourris correctement et à des prix abordables. C'est dire que l'augmentation quantitative et qualitative de la production agro-pastorale a une influence directe sur le

niveau de vie des travailleurs salariés. Pour assurer cette augmentation, nous devons agrandir constamment les superficies cultivables et surtout élever le niveau de rendement pour donner à la Nation une assise économique viable. Nous devons donc coûte que coûte, utiliser nos intelligences, nos forces physiques, nos connaissances techniques et technologiques dans la bataille qui vise essentiellement la maîtrise de l'eau en tant que condition essentielle de la victoire de notre action de développement des FAPA et des FAC (Fermes Agricoles Communales). La bataille de domination de l'eau est au niveau de tout le Peuple. Tant que l'eau ne sera pas maîtrisée, l'agriculture comme l'élevage, continuera à être soumise aux aléas et aux incertitudes. On se plaindra tantôt de l'abondance de l'eau, tantôt du manque d'eau. Nous disons toujours que le développement économique ne va pas sans la domination de la nature, et pour l'agriculture, la domination de la nature, c'est la maîtrise de l'eau. Nous devons donc recourir à toutes les méthodes techniques et technologiques appropriées pour nous assurer cette maîtrise de l'eau.

Le bon choix de l'emplacement de la Ferme est d'une haute importance, nous le répétons.

Ce choix doit surtout envisager les possibilités d'extension, ce qui suppose l'existence d'un domaine apte à la pratique culturale du point de vue relief et structure pouvant atteindre, à la suite d'aménagements progressifs, une supercifie de l'ordre de 200 à 500 hectares. Il doit donc être aménageable et situé à proximité d'une source d'eau intarissable ou d'une source d'eau qu'on peut rendre intarissable. On doit également veiller à ce qu'il soit accessible, immédiatement ou à la suite de certains travaux.

Autant que faire se peut, l'emplacement sera choisi dans le voisinage de points plus ou moins importants d'habitations pour satisfaire à une demande éventuelle de main-d'œuvre et, surtout, pour agir plus efficacement sur les camarades paysans.

La stratégie du développement de l'économie choisie par le Peuple guinéen vise l'auto-suffisance nationale en première phase et le dépassement des besoins nationaux en deuxième phase.

L'accroissement du revenu annuel du citoyen guinéen doit ainsi connaître une courbe ascendante parce que les aspirations au progrès continu du Peuple seront toujours de dimension continuellement agrandie.

Cette stratégie du développement de l'économie guinéenne doit s'appuyer, nous l'avons souvent affirmé, sur la valorisation des immenses ressources naturelles que les terres guinéennes, les forêts guinéennes, les eaux guinéennes nous offrent, à condition que le Peuple se prépare à les exploiter avec dynamisme et constance.

Ces resources sont essentiellement agricoles et pastorales.

L'agriculture et l'élevage constituent des domaines à la dimension de tout le Peuple guinéen et c'est bien pourquoi la Révolution nationale doit considérer ces sectreurs comme ses principaux points d'appui pour le progrès général, collectif et individuel, qu'elle doit démocratiquement favoriser grâce à l'éducation professionnelle des forces laborieuses, à leur parfaite organisation ainsi qu'à l'amélioration constante des conditions de travail.

Nous avons déjà précisé qu'à tout régime correspond son économie, qu'au régime d e démocratie populaire révolutionnaire doit nécessairement correspondre une économie également populaire, démocratique permettant la pleine satisfaction de l'ensemble des besoins matériels et immatériels du Peuple tout entier.

La finalité de notre action économique étant le bonheur du Peuple tout entier, face à cette finalité, tout devient moyen. Bien entendu, pour toute production, il faut en plus du Peuple, agent économique dont les capacités productives doivent être constamment développées en vue d'une production et d'une productivité constamment accrues, il faut, disons-nous, d'autres moyens non moins indispensables au progrès souhaité. Dans le cas de la production agricole plus précisément, ces moyens consistent en :

— **des moyens naturels :**la terre et les cours d'eau,

— **des moyens matériels :** les engins et les outils de travail

— **une infrastructure :** des batiments d'habitation, des magasins, des canaux et drains, etc...

— **des moyens financiers :** pour faire face aux dépenses inhérentes au fonctionnement de l'entreprise agricole

— **des moyens chimiques :** engrais ;

— **enfin des moyens humains :** qui touchent au niveau technologique même du Peuple.

Dans la pratique du développement progressif de l'agriculture, nous devons réunir les divers moyens et les conditions indispensables à l'évolution du rendement de la paysannerie guinéenne.

S'agissant des conditions, il y a lieu de rappeler l'absolue nécesité pour le Pouvoir Révolutionnaire Central de procéder, par des moyens techniques appropriés, à l'aménagement des terres guinéennes afin que, en toute saison, l'eau ne manque pas à l'agriculture.

La permanente maîtrise de l'eau constitue le facteur fondamental pour tout progrès véritable du secteur agricole.

Mais nous devons être ici très précis, s'agissant des aménagements hydro-agricoles. Pour certains, il s'agirait toujours de faire l'inventaire des plaines disponibles, où qu'elles se trouvent, pour y procéder à des aménagements de casiers agricoles qui seront ultérieurement occupés, soit par des travailleurs agricoles à la charge des collectivités publiques, soit par des familles paysannes qui y viendront s'installer pour pouvoir assurer leur mise en valeur par leur travail quotidien. Quand on sait le coût très élevé de tels aménagements et surtout la durée des travaux allant de 3 à 5 ans pour disposer seulement de quelques 5 à 10 000 ha, à condition encore, d'y utiliser une très nombreuse main-d'œuvre entrainant des charges sociales très élevées, l'on peut comprendre que le développement économique ne saurait, dans ce cas, être à la dimension de tout le Peuple, c'est-à-dire au profit de tous les villages et que dans les conditions ainsi envisagées, des populations paysannes abandonneraient leur lieu de résidence habituelle pour aller s'implanter là où les terres seront aménagées. Cette méthode, loin de mettre fin à l'exode rural, risque, bien au contraire, de l'accentuer à une échelle plus grande avec toutes les conséquences soci-politiques que le déplacement de nombreux paysans entrainera forcément.

Au stade actuel du développement de l'agriculture guinéenne, nous devons concevoir la tâche d'aménagement de façon prioritaire par la mise en état de production des grandes superficies de terres déjà mises en valeur de façon primaire par les Pouvoirs Révolutionnaires Locaux, en ce qui concerne les Brigades Mécanisées de Production et les Brigades Attelées de Production, et par les familles paysannes, en ce qui concerne les champs de culture individuels.

Le but visé par l'aménagement, c'est, en toute première urgence, de permettre à la paysannerie guinéenne de tirer un plus grand profit de ses acquis, c'est-à-dire des parcelles déjà travaillées par elle en y créant des conditions nouvelles pour en accroître le niveau de rendement, ce qui amène forcément une adaptation de la structure et des méthodes de notre action d'aménagement à l'organisation présente de la société guinéenne, donc aux préoccupations essentielles des forces laborieuses de la campagne.

Des villages guinéens existent, créés par le Peuple, indépendamment de la volonté du Pouvoir Révolutionnaire Central. Il s'agit d'induire de cette réalité les conditions de progrès, les facteurs de développement dans la vie de chaque village afin de permettre aux populations de voir s'améliorer constamment le rendement de leur travail, et grâce à celui-ci, d'obtenir une amélioration effective des conditions de vie du Peuple.

L'ensemble des forces sociales pratiquant présentement l'agriculture en Guinée dispose de quelque 500 000 ha de terres déjà défrichées et même cultivées des années durant. Le rendement général de ces terres qui est d'un taux tellement faible, n'arrive pas à couvrir tous les besoins alimentaires de la Nation, et oblige le Pouvoir Révolutionnaire Central à importer encore des denrées alimentaires avec d'importantes sommes en devises qui auraient pu servir à l'équipement de plusieurs autres secteurs économiques, notamment ceux de l'industrie, des transports, de la pêche maritime, de l'agriculture et de l'élevage, etc...

En aidant les Pouvoirs Révolutionnaires Locaux à aménager convenablement les parcelles partiellement mises en valeur, parallèlement à l'installataion, sur des parcelles correctement aménagées, des Fermes Agro-Pastorales d'Arrondissement, la

Nation pourrait obtenir plus rapidement un niveau de rendement pouvant combler ses besoins alimentaires : pour nous procurer de nouvelles ressources financières.

Quand on sait que, parallèlemient à l'action d'aménagement, il est envisagé la création d'unités de production d'engrais pour l'enrichissement des terres, il devient possible d'estimer que, grâce aux conditions nouvelles ainsi créées, l'agriculture guinéenne est appelée à décoller, en tout cas, à atteindre un niveau de rendement chaque année davantage accru.

Ce progrès démocratique se traduira également par la qualification du mode de production et des rapports de production dans le secteur agricole, ce qui correspond bien à la ligne de développement socialiste choisie par le Peuple guinéen.

Il faut qu'à la campagne, l'exploitation de l'homme par l'homme déjà bannie en théorie et fortement entamée en pratique, soit exclue définitivement de nos réalités. Nul doute que les bases collectives et les moyens modernes de plus en plus envisagés pour la modernisation de la vie rurale nous conduiront aux succès recherchés. C'est en tout cas la dynamique qui a sous-tendu toutes les initiatives organisationnelles du monde paysan depuis l'accession de notre pays à son indépendance nationale.

La création, en 1961, des Centres de Modernisation et de Développement Rural (CMDR), des Centres d'Enseignement Rural en 1962, des Cités Socialistes en 1972, des Brigades Mécanisées de Production (BMP) et des Brigades Attelées de Production (BAP) en 1975 et des Fermes Agro-pastorales d'Arrondissement (FAPA), ne sont que des démarches successives visant le même objectif et inscrites sur la même trajectoire de développement d'une économie nationale de caractère populaire, démocratique, en progrès continu, de nature libératrice pour l'homme et pour le Peuple, de toute forme d'exploitation et de toutes les résistances de la nature.

Nos démarches pour la modernisation de la vie rurale et l'harmonisation progressive des conditions d'existence entre les centres urbains et les centres ruraux, se sont constamment qualifiées. Actuellement les diverses conditions, les différents aspects d'une action vigoureuse en direction du progrès dans la campagne sont remplis, ce qui est une raison suffisante de succès certain dans nos activités au profit de la paysannerie guinéenne.

D'une manière générale tous nos sols présentent une fertilité potentielle non négligeable et pouvant être élevée grâce à des actions scientifiques rationnelles dans leur déroulement. Ces actions, nous devons effectivement les conduire.

Le plus grand soin doit être apporté à la solution du problème des aménagements hydro-agricoles. Sans eau, il n'y a pas d'agriculture. Chaque équipe de FAPA doit savoir qu'elle aura à aménager son domaine car, un **début d'aménagement doit toujours précéder les opérations de labour.** Ce n'est pas à une agriculture extensive et à faibles rendements que nous convions. C'est une agriculture scientifique, intensive, concentrée et à très hauts rendements que la Révolution exige de nous. Nous devons savoir à cœur de faire annuellement deux ou trois cultures sur le même hectare. Nous devons ambitionner d'atteindre un rendement de 6 à 9 tonnes à l'hectare pour le riz.

Aussitôt après le problème de la nécessaire domination de l'eau, une autre exigence est celle de l'amendement des terres. Quelle que soit la fertilité naturelle de nos terres, celles-ci ne nous permettront jamais d'avoir le rendement escompté si nous n'avons pas un recours constant aux engrais. Mais, ici également, une mise au point très claire doit être faite : jusqu'à ce que nous ayons nos unités de fabrication d'engrais chimiques, les engrais que nous aurons à utiliser essentiellement, sont ceux que nous fabriquerons nous-mêmes. Nous aurons à utiliser des engrais verts, le fumier de ferme que nous préparerons à partir de fumières que nous aurons construites. Nous aurons, au cours de l'édification de nos habitations, à prévoir l'installation de tous les dispositifs nous permettant de récupérer tous les déchets humains et toutes les ordures ménagères qui seront ajoutés aux autres matières premières entrant dans la préparation des engrais. Il est vrai qu'à côté de cet effort que nous exigeons de tous les agents d'exploitation dans l'acquisition, par leur propre industrie, de la quantité d'engrais dont ils auront besoin, ils recevront toujours de la direction nationale tout ce qu'elle aura d'engrais chimiques à travers la coopération qu'elle a engagée avec les pays amis ou avec des Organismes internationaux. Il n'est pas non plus exclu que, dans des cas spécifiques, nous ayons à commander certaines quantités d'engrais chimiques, convaincus que nous sommes de leur effet bénéfique sur le rendement agricole.

Après le problème de l'eau et de l'amendement des terres, la FAPA devra entretenir un champ semencier destiné non seulement à ses propres besoins, mais également aux besoins en semences des P.R.L. de l'Arrondissement.

Voilà, quelques unes des tâches principales qui reviennent aux fermiers des FAPA.

Nous disons qu'il s'agit de programmes indicatifs, car rien ne doit limiter ni paralyser leurs initiatives. Ils doivent être imaginatifs, volontaires, méthodiques, réalistes et avoir un recours incessant aux connaissances qu'ils ont acquises, connaissances qui doivent s'approfondir, s'étendre et se consolider à l'usage qu'ils en feront et à travers les informations scientifiques, techniques et pratiques que ne manquera pas de diffuser leur **Bulletin de liaison.**

La responsabilité dont la Révolution investit les agents d'exploitation exige de leur part un comportement particulièrement militant leur permettant d'être en parfaite harmonie avec les camarades paysans auxquels ils doivent inspirer une confiance parfaite.

Elle exige également d'eux, dans le domaine de la science, de la techniue, de la technologie et de la maîtrise de la production végétale et animale, une compétence à la mesure des ambitions que le Parti-Etat fonde sur les Fermes Agro-Pastorales d'Arrondissement (FAPA). **Ils sont nos plus hauts cadres techniques et scientifiques dans le domaine de la production agropastorale ; et la Révolution leur convie aujourd'hui à le prouver sur le terrain pour lui donner raison et satisfaire nos préoccupations fondamentalmes communes. Ils ne peuvent pas se dérober à cette tâche, plutôt, à cette mission à la fois exaltante et historique.**

La plus grande méthode doit présider à l'élaboration du plan de production et le travail doit être rationnellement organisé et s'accomplir conformément à un planning d'exécution s'étalant sur les 52 semaines de l'année.

Les meilleures méthodes culturales doivent être utilisées pour aboutir à des rendements à l'hectare comparables aux meilleurs rendements mondiaux et à des produits remplissant toutes les qualités internationalement requises.

Les meilleures méthodes zootechniques doivent être utilisées pour que la production animale réponde aux normes internationales.

La Ferme Agro-Pastorale d'Arrondissement (FAPA) est à la fois :

— Un Centre de Recherche agronomique appliquée pour le développement ;

— Un Centre de vulgarisation de la science agronomique ;

— Une Unité économique pilote de Production végétale et animale.

— Un Pôle de rayonnement de la Révolution agro-pastorale.

L'exploitation de la Ferme Agro-Pastorale d'Arrondissement (FAPA) doit avoir toujours le cerveau et les muscles mobilisés, l'intelligence en éveil et prête à saisir toutes les occasions et à tirer profit de celles-ci avec méthode et détermination.

L'équipe exploitant une Ferme Agro-Pastorale d'Arrondissement doit, dans sa diversité féconde, constituer cependant un savant polycéphale et un travailleur polycéphale et polyapte.

Il ne faut pas isoler la ferme Agro-Pastorale d'Arrondissement de l'objectif essentiel : modreniser la paysannerie guinéenne. Si on l'isole, on récoltera les graves conséquences qu'entraînerait la création des 300 FAPA sur le budget. On doit tenir compte de cet objectif. Tant qu'il ne sera pas pleinement atteint, nos problèmes demeureront non résolus, pis encore, ils seront plus graves qu'aujourd'hui, parce que les besoins du Peuple, par le jeu de la démographie et les vertus de la démocratie, ne cessent de croître.

Une autre conséquence : il y aura ponction au niveau de la paysannerie pour les travailleurs industriels, car la formation intellectuelle des jeunes dans les villages les polarise vers les villes. Donc, si nous ne créons pas, à partir d'éléments scientifiques, dans les villages mêmes, un centre d'intérêt qui puisse retenir sur place cette journée, le déséquilibre qui affectera le développement social de la Guinée sera tel qu'il ne s'agira plus de rentabilité financière, mais de non rentabilité politique avec les aléas qu'une telle situation comporte.

La nouvelle Société que nous ambitionnons de construire doit modifier le rapport qui existe aujourd'hui entre la ville et la campagne. Elle doit d'abord atténuer la supériorité matérielle de la ville sur la campagne, ensuite annuler cette supériorité, enfin l'inverser. Il s'agit bien de l'édification d'un type nouveau de civilisation.

La présence dans un Arrondissement rural de nombreux Ingérieurs s'occupant de l'agriculture, de l'élevage, des plantations forestières est un facteur important incitant le jeune diplômé du second ou du troisième cycle à ne plus être tenté de sortir de son Arrondissement pour le chef-lieu de sa région. La Ferme Agro-Pastorale fonctionnant dans chaque Arrondissement, la paysannerie s'en trouvera réhabilitée à travers une plus grande émulation entre les paysans.

La Ferme Agro-Pastorale d'Arrondissement (FAPA) doit bousculer nos méthodes de pensée, bousculer cette mentalité qui veut que le savant, l'intellectuel ne doivent pas résider dans un village, et, encore moins, travailler de leurs mains la terre. C'est une véritable guerre contre nous-mêmes qui se résume en la guerre fondamentale contre la nature que nous voulons dominer.

Nous devons établir immédiatement, une liaison directe, parfaite, harmonieuse et toujours dynamique entre nous-mêmes, agents du travail, et l'objet de notre travail. L'objet du travail répond toujours et d'abord à la première question fondamentale de l'homme, celle ayant trait au pourquoi, et ensuite, au comment d'une chose, d'une situation ou d'une activité.

Le pourquoi du travail chez nous, nous le connaissons déjà. Nous ne travaillons pour personne. Nous travaillons pour nous-mêmes, pour notre Peuple. Nous ne travaillons pas négativement, mais positivement pour combler nos besoins. Si nous n'arrivons pas nous-mêmes à combler nos besoins, nous risquerons de retomber dans la dépendance, car un Peuple qui

ne peut résoudre ses problèmes, qui tend continuellement et quotidiennement la main pour quémander de quoi vivre, a cessé d'être un Peuple digne, un Peuple responsable, un Peuple libre. Or, nous avons une conscience claire de notre responsabilité historique, de notre dignité et c'est pourquoi, conséquemment, nous nous mettons au travail productif pour créer par nous-mêmes et pour nous-mêmes tout ce qui est nécessaire à la satisfaction de nos propres besoins.

Le travail est le point d'appui essentiel du progrès social. La qualification de la société est une résultante de la qualification du travail par la société. Instruire tout le Peuple, soigner tout le Peuple, doter les villes, les villages de toute l'insfrastructure nécessaire pour que chaque homme vive dans les conditions les plus décentes, c'est faire montre de capacités, c'est-à-dire disposer de moyens nombreux, divers. Mais pour que ces moyens existent, il faut d'abord qu'ils soient produits. **Le travail reste donc, en dernier ressort, le Remède des remèdes.**

Nous avons déjà dit que nous faisons l'économie de notre politique et non la politique de notre économie. **Notre politique anti-impérialiste, anti-colonialiste, celle qui veut être et ne pas paraître, cette politique symbole d'une prise de conscience de la personnalité du Peuple, de la capacité infinie du Peuple, cette politique-là, précisions-nous, veut que l'économie soit créée à la dimension du Peuple tout entier.** Tout dépend du travail et des conditions du travail.

Tout progrès ambitionné est réalisé par un seul acte : le travail. En parlant donc du travail, nous nous adressons au Peuple guinéen tout entier qui doit se doter d'un conportement réellement dynamique. L'exigence de la Révolution étant la production, il faut que chacun utilise chaque instant de la journée à quelque chose d'utile. C'est le travail qui soustrait l'homme au vol, au mensonge, à la médiocrité d'existence, car c'est le travail qui créera quotidiennement les facteurs d'équilibre de l'homme, de la famille et de la société.

Nous disons donc que tous les organismes du Parti-Etat doivent indiquer aux militants que le travail est une contrainte et une obligation révolutionnaire.

Nous comptons sur la jeunesse. A l'école de la Révolution, dans la vie militante de la JRDA, les jeunes ont compris non seulement la justesse de la ligne, mais aussi la nécessité de la traduire avec courage, avec efficacité partout où l'homme se trouve.

Nous disons que le but c'est toujours l'utilité de l'homme, l'utilité du groupe et en ce qui concerne la Ferme Agro-pastorale d'Arrondissement, c'est son utilité, son rayonnement, son apport à la vie de la Nation.

Les jeunes, qui rencontreront des difficultés, doivent se considérer comme des pionniers pour ne pas reculer devant les obstacles.

Il se peut que dans telle région, les cadres très attentifs, très dévoués, leur apportent toute l'assistance nécessaire, tous les encouragements nécessaires et les aident à résoudre certains problèmes dont la solution est indépendante de leurs moyens ou de leurs capacités propres. Il se peut aussi que, dans telle autre région, ils aient à faire à des ennemis, des contre-révolutionnaires camouflés dans les rangs du Parti et exerçant des fonctions dirigeantes au sein du Parti. Ceux-là ne leur apportent que découragement. Pour les problèmes les plus élémentaires dont la solution se trouve à portée de mains, ils refuseront de leur apporter la moindre assistance ; ils créeront toutes les conditions pour que les jeunes puissent se décourager et que demain, on dise : « voilà, telle entreprise lancée par la Révolution a échoué ».

Les jeunes sont les grands hommes de demain et il faut qu'ils en aient une conscience exacte. Rien de plus exaltant, rien de plus noble que de se donner la plus grande ambition de servir avec efficacité la cause de son Peuple, de mourir au service de son Peuple.

Soldats de la Révolution. Pionniers de la Révolution, travailleurs du Peuple, rejoignez les chantiers où vous ferez la démonstration de votre maturité, de votre disponibilité, de votre efficacité au travail productif, dans l'accomplissement constant duquel vous ferez montre de volonté de progrès, de votre fidélité à la Révolution et au Peuple.

LA FAPA, UN TOUT COMPLEXE

Nous avons déjà choisi, de façon résolue, la valorisation des ressources naturelles comme point d'appui fondamental du développement économique général de notre pays.

Les raisons qui motivent ce choix sont désormais connues de tous les cadres du PDG car, chacun a eu à les développer au cours, soit des différentes Sessions des Instances Nationales : Congrès National, Conseil National de la Révolution, Assemblée Populaire Nationale, Conférence Economique Nationale, soit de celles des Instances régionales ou locales du Parti-Etat : Congrès Fédéral, Conseil Régional de la Révolution. En un mot, il s'agit de mobiliser davantage les masses populaires pour le travail productif, avec le mot d'ordre selon lequel « chacun peut un peu ». Or, il n'y a pas de secteur dont l'exploitation des potentialités puisse être plus à la portée de tout le Peuple que l'exploitation de l'agriculture, de la pêche, de l'élevage et de l'artisanat.

C'est pourquoi, nous avons donc équipé tous les villages ruraux ou PRL d'engins agricoles, nous avons aidé leurs populations constituées de paysans et d'éleveurs à établir un programme de travail susceptible de leur permettre d'utiliser pleinement leurs capacités de travail tout au long de l'année, à en acquérir même de nouvelles par rapport à celles utilisées dans l'agriculture de pure subsistance.

Les émissions à la radio et à la télévision sont axées sur cette mobilisation de la paysannerie guinéenne en vue d'aboutir à l'accroissement de la production agricole nationale.

C'est le lieu de faire un bref historique de l'action de notre Parti dans le secteur agro-pastoral depuis novembre 1960, date de la Conférence Nationale tenue à Kissidougou, et qui avait suivi celle qui avait adopté, à Kankan, le Plan Triennal de Développement National. Aucune Conférence, aucune Session du CNR, bref, aucune Session de travail du Parti n'avait eu, comme cette Conférence de Kissidougou, l'unique point traitant de l'Agriculture, à son ordre du jour. Cette Conférence s'était préoccupée particulièrement de l'exploitation des ressources naturelles agricoles. Elle avait duré 4 jours, du 21 au 24 novembre 1960. On ne peut oublier les résolutions, les documents de ces travaux, y compris les discours qui furent prononcés par nous-même et que l'on peut retrouver en partie dans le Tome VI des œuvres du PDG. Des décisions radicales furent alors prises dans le but de favoriser et réactiver réellement le développement rural sous tous ses aspects : agriculture, élevage, pêche, pisciculture, grandes plantations pour les produits d'exportation et d'artisanat. A cette Conférence, nous avions étudié et arrêté les voies et moyens devant nous permettre de mobiliser tout le Peuple et notamment les paysans pour la création des Coopératives de production.

S'agissant des moyens humains, les mesures suivantes avaient été prises :

1. — Au niveau de la Jeunesse, la création des brigades de travail dans tous les villages.

2. — L'engagement de la Jeunesse scolaire dans la production agricole et artisanale.

Nous avions dégagé des moyens techniques avec la création des CMR (Centres de Modernisation Rurale). Nous n'avions lésiné sur aucun moyen matériel. Nous avions procédé à la mise à la disposition de chaque région d'un parc important de moyens de production agricole : charrues, tracteurs, défricheuses, bulldozers, moissonneuses, bref, tout ce qui était nécessaire à l'accroissement de la production.

Une vaste action était ainsi engagée avec les moyens financiers requis. Cette action, préparée avec tant de foi et de détermination, n'aboutit cependant pas positivement. Mais, il ne s'agissait pas alors d'un sabotage, ni de l'hostilité de quelques-uns des cadres mais plutôt, exclusivement, de notre inexpérience caractérisée en la matière. Pour cette période, l'échec résultait davantage de l'inexpérience, car les intentions humaines étaient, elles, saines et louables. Car en effet, nous étions à notre première expérience d'action de planification. Il faut souligner que nous étions, à l'époque, tous animés de bonne volonté, et les velléités marginales n'existaient pas alors. La conception de classe capitaliste, anti-Peuple, n'existait pas en fait, et même si elle existait, elle était alors latente ; elle ne se manifestait pas, car nous venions de sortir du régime colonial, nous étions tous purs dans nos volontés réelles ; de plus, c'était notre première expérience d'action de planification.

Avec beaucoup d'émotion, nous nous revoyons encore dans l'atmosphère d'enthousiasme, l'ambiance fraternelle et très sincère, la commune volonté légitime dans lesquelles baignait cette historique Conférence de Kissidougou. Donc, si l'échec fut tout de même au bout de nos efforts, ce fut surtout à cause de notre inexpérience.

A preuve, nous avions, recevant tous les engins agricoles, fait une répartition arithmétique entre les Régions. Nous en donnons deux exemples. Le premier est que nous ne nous étions même pas demandés, s'agissant des bulldozers à chenilles, s'ils étaient propres ou non à l'exploitation agricole dans telle ou telle Région ! La répartition des engins agricoles fut mécanique. Des engins qui n'étaient pas du tout adaptés au sol de Télimélé ou de Boké furent envoyés dans ces Régions ; une bonne partie du parc mécanique des Régions n'était pas du tout appropriée aux conditions de labour de leur sol; parce que nous n'avions pas cherché à connaître et nécessairement à tenir compte des conditions spécifiques de l'agriculture des différentes Régions ou zones naturelles du pays.

Il en fut ainsi des crédits financiers. On estimait que c'était une faute politique ou une injustice sociale que de ne pas faire une répartition égalitaire des moyens financiers disponibles entre les Régions, de peur de favoriser une Région au détriment d'une autre. Ce fut là, il faut le reconnaître, la suite d'une action juste du Parti visant à liquider toute forme de discrimination, toute forme d'inégalité ou tout clivage arbitraire, toutes pratiques qui étaient les armes du colonialisme. Donc, pour ne pas prêter le flanc au « régionalisme » qu'on combattait, la répartition des moyens matériels était absolument égalitaire. La répartition des crédits financiers obéissant à la même règle d'égalité, le montant des crédits accordés à une Région n'était pas déterminé par les conditions de réussite des activités prescrites. C'est ainsi que notre action ne fut pas du tout adaptée aux réalités du pays.

Les Gouverneurs de Région de cette époque n'avaient, eux, non plus, aucune expérience de gestion et de planification économiques. Ils avaient mené la lutte anti-colonialiste, la lutte contre la chefferie, contre les injustices coloniales, bref, contre toutes les formes de répression, d'exploitation et d'oppression.

Ils étaient rompus aux slogans mobilisateurs d'ordre purement politique, mais, sur le plan économique, ils n'avaient pas l'expérience nécessaire pour étudier ou faire étudier correctement les possibilités d'une Région et faire un programme requérant une action méthodique de valorisation des potentialités économiques que recelait la Région. Nous étions dans l'euphorie née légitimement de l'indépendance fraîchement reconquise par notre pays qui avait réalisé quand même qu'il fallait d'abord compter sur ses propres forces. Notre première ambition de planifier une action ne considérait pas ses aspects techniques. On avait fait un travail de mobilisation, de propagande. L'histoire ne nous en voudra pas : **Il fallait se jeter à l'eau pour savoir nager** ; au lieu d'étudier la théorie de la natation, il faut passer plutôt à la pratique.

La donnée de l'inexpérience a négativement joué sur les démarches et le développement de notre Etat, alors encore jeune, mis en quarantaine dans une ceinture sanitaire et frappé, selon les politicologues, du préjugé faux, d'incapacité intrinsèque d'indépendance.

Le second exemple, c'était à cette Conférence de Kissidougou que nous avions conçu une autre action qui devait être lancée lors de la 2e Conférence tenue à Macenta. Nous avions décidé d'engager une vaste campagne de multiplication des plantations de palmiers nains et de caféiers. On avait même envoyé des avions à l'extérieur chercher des semences. Et la volonté d'engager cette action et de la réussir était telle que nous nous étions contraints à accepter toutes sortes de dépenses et de lourds investissements. On avait créé de vastes zones de pépinières à N'Zérékoré, Macenta, Yomou, Gueckédou, Kissidougou, bref, dans toute la Région forestière, pour aider chaque paysan à doubler, tripler la superficie de sa plantation. Là aussi, l'action n'a pas été suivie. Les plants sont restés non utilisés. Les premières plantations créées ont été abandonnées par leurs propriétaires et n'ont même plus été désherbées. Et au lieu de progresser, nous sommes restés stationnaires, puis nous avons regressé.

A l'époque, la politique de prix que nous avons appliquée constituait un facteur qui ne dépendait ni de nous, ni des paysans, mais plutôt de notre politique économique délibérément rendue souple pour ne pas briser l'enthousiasme de l'indépendance politique qui nous a conduits à des actions économiques singulièrement difficiles. En effet, autour de nous, les pays qui n'étaient pas indépendants suivaient l'ancienne politique de pression sur les paysans ; les prix des marchandises d'importation y étaient élevés. Puisque, à l'extérieur, nous avions acquis de nouveaux débouchés sur le plan commercial et que les compagnies coloniales ne nous exploitaient plus, le prix de revient des marchandises était, chez nous, plus bas. Et nous nous contentions alors d'appliquer systématiquement les 10 % ou les 15 % de bénéfice pour livrer, à des prix imbattables, les marchandises à la consommation.

Presque toutes les marchandises se vendaient ici moins chères que dans les pays autour de nous, en Guinée-Bissao, au Sénégal, au Mali, en Côte d'Ivoire, en Sierra-Léone, au Libéria, etc...

Les commerçants profitaient alors cyniquement de cette circonstance pour s'accaparer de tout ce qu'on importait. Les paysans en étaient privés et la vente s'effectuait en dehors du pays. A l'intérieur du pays, le paysan payait alors très cher les produits importés. Il y avait une désorganisation nette de l'action que l'on venait d'engager, à savoir orienter la volonté des producteurs paysans vers la terre. Au contraire, de plus en plus, c'est le petit commerce privé qui prolifera. Il y avait intérêt à acheter du savon ici et à le revendre là ! On gagnait plus en deux mois, en trois mois dans le trafic qu'en un an dans l'exploitation de la plantation ou du champ, péniblement d'ailleurs mis en valeur pour se procurer des biens.

Il y eut une véritable désorganisation de l'action agricole au profit du commerce. Cela eut un impact négatif sur l'action qu'on venait d'engager.

Il y eut aussi la réorganisation du secteur du diamant dans les conditions de l'époque. Et la situation ainsi créée, dans les conditions du moment, drainait la main-d'œuvre au détriment des champs familiaux.

Il y eut également notre politique des salaires ; nous avions procédé à une valorisation importante des salaires des travailleurs, si bien qu'il était devenu difficile dans toute la Région forestière, de trouver suffisamment de manœuvres pour les plantations, parce que le salaire du travailleur agricole était nettement inférieur au salaire du travailleur du secteur industriel, commercial ou de service. Même les plantations en Basse-Côte, alors florissantes, avec une main-d'œuvre suffisante, périclitaient sous l'effet de cette même politique des salaires.

Finalement, puisque toutes nos actions n'étaient pas orientées, dans leurs effets, vers le développement agricole, les décisions se contredisaient : les unes portant sur le développement agricole, les autres portant sur la réorganisation des autres secteurs ; le manque d'harmonie eut des incidences négatives sur l'action agricole. L'échec était indépendant de nous, de notre volonté. C'était assurément de l'inexpérience. Mais nous avions aussi raison de ne pas négliger les conditions de vie des travailleurs non-agricoles, quand on sait les sacrifices qu'ils avaient consentis hier au cours des âpres luttes syndicales contre le système colonial.

Le Service Civique.

Au départ, l'action était engagée, sur le plan national, en vue d'installer les structures du Service Civique, de définir la politique de développement agro-pastoral à appliquer, d'établir un programme d'équipement technique pour ce nouveau secteur. Puis, dans une deuxième phase, nous sommes venus à l'objectif de descendre au maillon régional du Service Civique, puis à celui de l'Arrondissement avec l'idée que les Sections et les Comités allaient s'en occuper avec plus de sérieux.

Là aussi, un facteur intervint qui ne dépendait guère de la volonté du Parti. En effet, n'oublions pas que, par son vote historique du 28 Septembre 1958 et la proclamation conséquente de la République indépendante de Guinée, le 2 Octobre 1958, notre pays provoquait le choc qui devait conduire à la désintégration de l'empire colonial français en Afrique si le « mauvais exemple » ainsi donné réussissait. Il fallait détruire cette entreprise non seulement en nous étouffant économiquement, mais aussi en liquidant et en démolissant le régime. Il nous fallait donc organiser la défense du territoire national. Or, les deux actions n'étaient pas du tout faciles à mener simultanément : l'action quotidienne, assidue, méthodique dans le sens du développement rural, ne se conciliait pas avec une permanente mission de surveillance des frontières ou des centres névralgiques, dans toutes les régions pour veiller sur les acquis et les sauvegarder. Finalement, ce fut ce deuxième aspect qui prévalut. Il faut ajouter que les brigadiers du Service Civique, sous l'influence de l'ennemi camouflé et de l'intoxication venant de l'extérieur, avaient souvent un comportement qui laissait largement à désirer dans les villages. C'est ainsi que nous avions été amenés, comprenant cette situation dangereuse, à mettre fin à l'existence de cette institution. L'échec était dû aussi au manque d'encadrement qualifié, au manque d'éducation idéologique et morale, à l'absence totale de sanctions sévères pour les premières infractions constatées et aussi au défaut de continuité dans l'action agricole, à la dispersion préjudiciable des efforts des brigadiers dans plusieurs domaines, à tel point que la totalité de leurs capacités ne fut pas exploitée à bon escient. Ainsi, l'action agricole, confiée aux agents du Service Civique, ne fut pas menée à bonne fin.

Puis, nous en étions venu à la création des Collèges d'Enseignement Rural (CER) que nous avions substitués aux Brigades de Service Civique. Il s'agissait d'y reprendre quelques brigadiers et de recruter des élèves qui ne pouvaient pas continuer leurs études dans les lycées. Au lieu que ces élèves fussent abandonnés à eux-mêmes, le Service Civique, changeant de nom, allait les reprendre ; mais le contenu civique demeurant, les jeunes devaient passer par ces Collèges pour recevoir une éducation appropriée, les rendant aptes à maîtriser les activités agricoles et à devenir meilleurs par rapport à leurs pères et mères par leurs méthodes de travail et leur rendement. Le boubou changeait de couleur, mais c'est le même tissu.

Et malgré notre volonté de ne pas connaître la voie de développement capitaliste, au moment de l'exécution du Plan Triennal, le commerce privé proliférait, au niveau des entreprises et Sociétés publiques, la mauvaise gestion commençait à se manifester ; certains de nos cadres, en complicité avec des commerçants privés, s'enrichissaient déjà et faisaient montre de volonté d'aller à contre-courant de la ligne du Parti.

Vous vous en souvenez sans doute, dans les années 1960 à 1969, l'impérialisme dressait déjà plusieurs plans de coups d'Etat en Guinée et beaucoup de responsables étaient sollicités par l'ennemi pour leur exécution. L'appareil de l'Etat commençait à être gangréné et des cadres de l'Armée nourrissaient déjà l'idée satanique de s'imposer par la force des armes à notre Peuple. Mais grâce aux soldats, militants révolutionnaires résolument fidèles au Peuple, cette entreprise réactionnaire échoua à toutes les tentatives.

Ainsi, toutes les initiatives de la Direction du Parti furent combattues par une fraction qui ne se déclarait pas ouvertement ennemie du régime, mais agissait sournoisement au sein des organes dirigeants contre les actions engagées par le Parti.

Illustrons notre propos par un exemple : le Collège d'Enseignement Rural constituait une institution valable, dans la mesure où il permettait de commencer par le commencement. En effet, c'est au niveau du Collège qu'il fallait former l'homme, pendant 3 ans, dans les tâches pratiques et dans son Arrondissement même pour qu'il ne soit pas tenté de préférer la turpitude urbaine à cet environnement rural ; c'est là que la transformation qualitative de la Jeunesse était davantage possible au lieu de la laisser émigrer dans les grands centres urbains pour connaître des formes de vie peu louables et se faire des perspectives superficielles en se livrant à de fausses comparaisons entre sa situation propre et celle du bureaucrate.

On avait défini, de façon correcte, le sens et le but des Collèges d'Enseignement Rural.

En effet, nous avions rendu trop claires et la stratégie et la tactique de l'action engagée. Le Tome XIII l'atteste à suffisance. Dès que le Tome XIII fut publié, quelques enseignants ont pris peur.

Nous y avons, en effet, trop clairement exposé la finalité du CER et précisé la marche vers le dépérissement de l'Etat. Nous y avons expliqué comment au sein du Peuple, devenu souverain, jouissant du fruit de son labeur, le budget de l'Etat n'intervenant plus, un Etat révolutionnaire ne peut concevoir l'administration des hommes, mais plutôt celle des choses.

A la fin d'un séminaire d'enseignants, à la demande de certains camarades, à l'époque, nous avions donné quelques cours à ceux qui sortaient comme instituteurs-encadreurs des Collèges d'Enseignement Rural (CER). Nous avions fait des interventions rendant trop claires les choses ! Nous cherchions à bien faire comprendre les perspectives radicales de transformation qualitative des réalités de la Guinée, mais nous avions créé malgré nous, des inquiétudes chez eux. Pourtant, nous tenions à ce principe qui veut que tout le Peuple soit instruit des décisions le concernant, et nous respectons ce principe, en corrigeant le style de son application. La plupart d'entre eux pensaient que leur avenir allait s'assombrir, qu'il ne fallait plus se dépenser comme nous le pensions. Au lieu de s'épanouir par l'action, ils tournèrent le dos à celle-ci ! Ce découragement avait contaminé le milieu des jeunes. Et l'on disait dans les milieux populaires : « l'école des cancres, l'école des ruraux, le collège des enfants ratés » ! Telles étaient les appelations inventées par des Guinéens forbans pour intoxiquer les masses et renverser la vapeur ! Et jusqu'aux cadres à des niveaux élevés, au niveau national, on constatait que personne n'était prêt à envoyer dans ces centres, non seulement son propre enfant, mais non plus celui d'un parent, même éloigné. Cette institution fut démonétisée. Le Collège d'Enseignement Rural était entouré de mépris : c'était déjà l'échec !

Mais, la Révolution ne s'est pas découragée pour autant. La Révolution ne se décourage pas. La Révolution est constance dans la détermination de progresser. Si les conditions objectives et subjectives d'une première action ne semblent pas réunies et que l'action échoue, il ne faut pas imputer cet échec à l'action elle-même, à l'objectif : il faut l'imputer aux conditions qui ne sont pas remplies.

Le Parti a lancé une autre entreprise ou plus exactement, il a renouvelé son entreprise à travers les Cités Socialistes. Les Collèges d'Enseignement Rural qui étaient créés devaient recevoir des jeunes qui en feraient la demande, les Cités socialistes, elles, ouvraient leurs portes à tous les jeunes. Evidemment, s'agissant d'un jeune qui n'était pas admis à aller au lycée, les parents, avions-nous pensé, auraient souhaité le voir quand même acquérir de nouvelles connaissances.

Mais là, nous avions anticipé sur les facteurs psycho-sociologiques. Il fallait mettre dans la même Cité et à l'internat les garçons et les filles ; or, à l'époque, la population guinéenne était réticente à l'éducation mixte, surtout dans un centre qui se trouvait en dehors du village ou de la ville, et où les élèves, très éloignés de leurs parents, seraient considérés comme placés dans un cadre de licence totale les amenant à préférer le vice à la vertu. Donc psychologiquement, les parents n'étaient pas disposés à accepter l'institution proposée, et à envoyer leurs enfants dans les Cités Socialistes. Ils n'allaient pas directement à l'encontre des décisions du Parti, mais ils ne les partagaient pas.

S'ajoutait à cela la réticence de certains enseignants. Le corps enseignant était quelque peu divisé. Le militant révolutionnaire faisait une adhésion sentimentale, mais n'arrivait pas à se battre avec succès contre les réactionnaires autour de lui. Et ces réactionnaires avaient eu le privilège de diffuser des mots d'ordre démobilisateurs sans rencontrer de résistance, appuyés qu'ils étaient par l'action nocive de tous ceux qui avaient été auparavant éliminés par la Loi-Cadre du 8 Novembre 1964 et la Réforme du Commerce qui avaient créé beaucoup de mécontents. En un mot, tous les ennemis du PDG agissaient pour contrer notre action. Certains hauts responsables de l'Etat n'ont jamais partagé l'idée des Cités Socialistes dont ils mesuraient la portée sociale et politique.

Même le ministre chargé à l'époque de l'Education en général et de la Cité Socialiste en particulier, dès qu'il quittait Conakry, prenait le contre-pied de tout ce qui se disait ici. Il nous ridiculisait auprès des dirigeants et auprès des jeunes pour les démobiliser. Personnellement, nous avions été informé de cela au cours d'une tournée qui nous conduisait à Kindia, à Mamou et à Dalaba. Nous avions alors été amené à faire des mises au point de caractère violent et à demander immédiatement la tenue d'une session du Conseil Supérieur de l'Education qui venait d'être créé, afin de clarifier, au sein même du corps enseignant, la ligne qui semblait être sabotée par certains.

Si les Cités Socialistes n'ont pas réussi, cela est imputable, dans une mesure majeure, à l'attitude de nombre d'enseignants qui avaient créé un courant négatif autour de l'institution. Il y avait la lutte générale entre les éléments progressistes et les éléments réactionnaires dans toutes les Régions, ces derniers s'opposant, évidemment, à toute action du PDG. Il y avait, également, les conditions matérielles difficiles auxquelles étaient soumis certains enfants de famille aisée habitués à l'électricité, à l'eau courante dans la maison, à toutes les facilités pour la nourriture et l'habillement et qui, transplantés dans la Cité, ne trouvaient que dénuement. Et nos adversaires s'étaient arrangés de telle manière que la Cité soit toujours située très loin de l'agglomération centrale, alors que la Cité Socialiste n'était guère une utopie. Elle devait être un quartier nouveau mais moderne du village existant. La ferme, elle, pouvait se trouver là où il y a de la bonne terre, mais les enfants, eux, pour la résidence, ne devaient pas être éloignés du village existant. Leur Cité Socialiste devait être, encore une fois, un quartier de ce village mais, évidemment, avec un lotissement correct, un habitat moderne réalisé avec les matériaux locaux, comportant des logements spacieux et propres, ayant une organisation de la vie qui devrait influencer positivement les vieux quartiers. On n'a pas tenu compte de ces directives. Parfois, on est allé jusqu'à choisir des endroits où il n'y avait même pas d'eau ! Puisqu'on avait laissé toute initiative des mesures concrètes aux seules autorités locales, il a suffit qu'il y eût par-ci, par-là un directeur réactionnaire, un cadre réactionnaire, un Gouverneur qui voyait cela comme une tâche supplémentaire et, par conséquent, ne s'en occupait pas avec tout le sérieux requis, pour que l'entreprise fût déviée de son objectif. C'est ainsi que celle de la Cité Socialiste échoua également.

En somme, tout ce qui dépendait globalement du Parti-Etat, de ses directions fédérales, de ses directions locales,était juste. Les difficultés résultaient de la lutte à l'intérieur du Parti entre les éléments progressistes et les éléments réactionnaires et de la lutte de classes à l'échelle de la Nation, entre ceux qui ont opté pour le triomphe de la voie socialiste de développement et ceux qui se cramponnaient à l'option capitaliste et qui, soit ouvertement, soit de façon camouflée, œuvraient pour empêcher le Parti de transformer la Guinée, selon la volonté du Peuple.

Résumons-nous. Nous avons organisé le Service Civique au niveau de tous les Arrondissements ruraux, Service doté d'engins de travail, organisé et guidé dans le sens de l'amplification du travail agricole.

Après trois ou quatre années de fonctionnement du Service Civique, nous avons été obligés de convenir que cette démarche n'a pas été non plus concluante. Des facteurs de paralysie et de découragement sont venus perturber le développement de l'action engagée. Ce qui justifia une deuxième démarche, celle qui entraîna l'implantation des Cités Socialistes.

Les Cités Socialistes furent, elles aussi, dotées de moyens de production importants ; les jeunes devaient être organisés, encadrés techniquement, logés, instruits. De plus, des terrains de culture appropriés furent déjà choisis pour être mis à leur disposition.

Pendant 4 à 5 ans, les sessions du CNR comportèrent constamment à leur ordre du jour, entre autres points, celui relatif aux Cités Socialistes. Mais des conditions négatives d'application créées par l'ennemi de classe nous ont amenés à abandonner cette démarche.

Nous avons alors décidé de l'implantation d'une trentaine de Facultés agro-zootechniques dans nos Régions et avons procédé à l'élargissement des Instituts du même profil, décidé d'orienter les 70 à 75 % des étudiants bacheliers dans le profil agro-pastoral. Ainsi, nous disposons aujourd'hui d'un effectif important de jeunes gens, des deux sexes, orientés vers les activités du secteur agro-pastoral. Les premières promotions qui sont sorties ont été affectées à nos nouvelles institutions, **les Fermes Agro-Pastorales d'Arrondissement, que nous avons présentées au pays comme devant servir de base solide à la modernisation de la paysannerie guinéenne, à la qualification des producteurs, à travers l'amélioration constante des moyens et des méthodes de production.**

C'est dire que la présente démarche engagée, celle des FAPA, ne doit pas échouer. Si l'une des raisons essentielles de nos premiers échecs résidait dans la non-adéquation des démarches à l'objectif de développement agricole sur une base socialiste, à savoir, la mentalité qui dominait au niveau même des parents et le bas niveau technique des jeunes engagés dans ce secteur, il est certain que ce handicap est levé, puisque, désormais, les agents actifs que nous allons utiliser sont ceux-là qui ont bénéficié d'une généreuse formation intellectuelle et technique, et que nous pouvons considérer comme étant capables de mener à bien la vigoureuse action que nous leur demandons d'engager en vue de la modernisation de l'agriculture guinéenne.

En effet, des jeunes qui ont le niveau d'ingénieur ou d'aide-ingénieur peuvent être estimés aptes à assimiler rapidement les données qui s'attachent à notre vaste entreprise de transformation qualitative de la paysannerie guinéenne.

Donc, sur le plan de l'esprit, de la formation idéologique, comme sur le plan de la connaissance de l'objet et du comment du travail, des conditions qui n'étaient pas antérieurement remplies le sont désormais. Mais faut-il rappeler que le retard des mentalités n'était pas la seule raison de nos échecs : il y avait en effet aussi le sabotage, à l'intérieur même du Parti, des actions qu'il engageait. Le manque d'homogénéité qui caractérisait également les appareils de direction du PDG, à savoir l'hostilité entre, d'une part, les partisans de la voie révolutionnaire de développement visant à l'instauration et au développement de bases socialistes dans le pays et, d'autre part, de tous ceux qui ont opté pour une ligne contraire de développement et qui, tout en applaudissant frénétiquement aux mots d'ordre socialistes, utilisaient les moyens du Parti-Etat pour décourager les militants et désorganiser malicieusement toutes les actions qu'il menait, en vue de contrecarrer ses décisions.

Il n'y a pas de situation parfaite, l'idéologie nous l'enseigne. Et, bien qu'il existe encore des réticences au socialisme, cependant un travail plus sérieux a été fait dans le sens du progrès socialiste du pays, et une certaine cohésion semble caractériser aujourd'hui l'action des organismes dirigeants du Parti-Etat.

Partant, le Parti doit demeurer vigilant et extrêmement vigilant puisque la mauvaise graine existe et qu'elle peut germer à nouveau. Cette réaction ne recourt plus aux moyens de grande envergure comme dans la période passée, mais à des méthodes subtiles, donc plus dangereuses.

Une deuxième raison de l'échec résidait dans l'inconstance qui se manifestait dans notre propre attitude.

Toute action a plusieurs étapes allant de la conception, la discussion, la décision, l'application et au contrôle de la qualité de l'exécution.

L'action, ici, est le travail productif lui-même. Les étapes sont la vision, le débat, la décision programmée, le contrôle de son exécution, la gestion des résultats, en somme tout le processus pour aboutir à la jouissance des fruits de l'action. Or, on n'avait pas tenu bien compte de la succession des phases constituant la trame de l'action de production. Puisque l'on pensait que la large discussion des problèmes, analysés sous tous les aspects idéologique, politique, économique et socio-culturel, suffisait au cours de nos réunions au sein du Gouvernement, du Comité Central, du Conseil National de la Révolution ou des Assemblées de caractère technique, des conférences au niveau des ministres notamment et de leurs collaborateurs ou au niveau des Régions et des PRL, on pensait que cette large discussion suffisait. Certes, cela est nécessaire pour élargir la connaissance, la compréhension du Peuple sur les problèmes abordés. Mais cela ne saurait suffire tant que l'action n'est pas engagée et conduite à bonne fin.

Nous pensons donc qu'aujoud'hui, nous pouvons et devons nous débarrasser de cette carence qui dépendait de nous, responsables de l'action dont la conduite effective et persévérante nous revient entièrement.

Nous ferons tous désormais montre, en plus de vigilance, de constance dans l'action afin que tout son déroulement soit suivi par nous-mêmes et que les erreurs possibles qu'elle pourrait réceler soient décelées et corrigées à temps, et afin que tous les facteurs positifs soient amplifiés pour asseoir l'agriculture sur des bases solides, c'est-à-dire impérissables.

Puisque telle est notre volonté, à savoir éviter tout échec aux FAPA, nous devons, ouvrir un large débat permettant à tout un chacun d'exprimer librement son point de vue critique. Pas de limitation à la critique, car il s'agit d'accélérer la décision de construction du pays. Aussi, l'on doit émettre toute critique pouvant nous permettre d'exécuter la tâche fondamentale convenue, à savoir moderniser la paysannerie, critique devant accorder donc au secteur la priorité requise. Et c'est la raison pour laquelle, nous avons décidé de créer un Département chargé des FAPA et des Coopératives Agricoles et avons déterminé la structure de ce Département au cours de la session du Gouvernement du 9 février 1981 Mais. cette structure, bien qu'adaptée à la singularité des vastes opérations que nous aurons à engager dans le secteur agro-pastoral d'Arrondissement, doit être complétée par l'établissement d'un programme réaliste.

Connaissant la situation actuelle du pays, du point de vue de la production très insuffisante des denrées alimentaires et des autres produits agricoles, l'action à engager doit nous permettre d'atteindre à l'auto-suffisance, par une augmentation de la production dans tous les secteurs de la paysannerie pour :

1° d'une part, nourrir correctement et régulièrement tout le Peuple à partir des produits nationaux en excluant toute importation de denrées alimentaires ;

2° d'autre part, dégager un surplus de produits végétaux et animaux dont l'exportation pourra nous procurer les ressources en devises nécessaires à la satisfaction d'autres besoins du pays, lesquels connaissent aussi un rythme d'accélération au fur et à mesure que le Peuple évolue.

En retenant ces objectifs que nous ne pouvons plus modifier, parce qu'ayant été décidés par le 11e Congrès et réactualisés par les successives sessions du CNR qui l'ont suivi, notre programme doit donc avoir un caractère réaliste, basé au départ, sur l'inventaire exact des moyens humains et des moyens matériels existants. Il doit être également ambitieux dans sa finalité pour que celle-ci soit conforme aux objectifs d'auto-suffisance et d'exportation, ce qui doit se traduire par une ligne d'accroissement successif. Au cours de la première année, que doit-on faire ? Durant la deuxième année que doit-on faire ? Ainsi de suite, mais tout en amplifiant ce qui est déjà fait au cours de l'année précédente, afin que la reproduction soit toujours élargie. Voilà le caractère progressif à conférer à l'action.

Il faut donc étudier l'organisation de nouvelles structures ou l'adaptation de celles qui existent à l'action que nous voulons rendre plus systématique, plus vigoureuse et plus rigoureuse.

La nouvelle entreprise, c'est la FAPA et nous rencontrons sur le chemin de sa réalisation des embûches, des obstacles, des oppositions sourdes ou clamées, toutes difficultés que nous ne pourrons vaincre que si, d'une part, nous mobilisons toutes les ressources idéologiques et politiques et, d'autre part, nous avons recours à l'analyse rationnelle, à la science, à la technique et à la technologie pour ne rien laisser au hasard. Il faut qu'à partir de maintenant, tous les cadres idéologiquement formés, acquis à la Révolution, aient recours, dans l'action, à toutes les ressources de la science. Mais, puisque la FAPA ne vise à rien de moins qu'à moderniser toute notre agriculture, à introduire la science et la technique à la campagne où vivent plus de 80 % de la population, à assurer la promotion de la paysannerie, à nous permettre d'avoir l'aisance économique grâce à la production végétale et animale et, aussi, ne l'oublions pas, à édifier en profondeur des rapports de production excluant toute exploitation de l'homme par l'homme, c'est-à-dire des rapports de production socialistes, puisque l'entreprise FAPA a cette gigantesque ambition, nous devons, au préalable, et d'une façon constante, procéder à la sensibilisation et à la mobilisation non seulement des militants de base, mais aussi de tous les cadres. La réussite est à ce prix. Et ceci ne diminue en rien l'exigence d'une approche méthodique, rationnelle et scientifique de tous les problèmes qui se posent. Nous anticipons pour rappeler aux cadres que « considérer la FAPA comme un centre de vulgarisation scientifique ou, simplement, un centre d'encadrement des paysans » constitue une vision étriquée. En effet, au-delà de ces deux préoccupations de notre Parti-Etat, la FAPA constitue **une unité de production agro-pastorale autonome dans son fonctionnement et appartenant en propre aux membres que constituent ses travailleurs liés par un contrat de coopérateurs.** Ainsi l'orientation de la production, son organisation et son exécution leur revient exclusivement et, bien entendu, sur la base du concours de l'Etat qui leur avance, contre remboursement, le capital de départ (infrastructure, équipement, fonds de roulement, etc). Il faut enfin rappeler que le fruit du travail leur appartient exclusivement et ils en disposeront dans l'intérêt de leur unité et de leurs familles respectives. Ces nouvelles cellules sociales, dans leur finalité, ne diffèreront en rien aux cellules déjà existantes dans d'autres secteurs de notre société (telles que les unités de production industrielles, de pêche, etc.). Car, en définitive, elles consacrent l'association de citoyens guinéens décidés à lutter ensemble pour dominer la nature par un travail créateur sous-tendu par la science et la technique moderne.

FACTEURS DE DYNAMISATION DE L'ACTION DU MINISTERE DES FAPA ET DES COOPERATIVES AGRICOLES

La modernisation des techniques culturales de l'agriculture guinéenne est inséparable de la mise en œuvre urgente, par le Ministère des FAPA et des Coopératives Agricoles, de diverses actions ayant pour but :

a) la culture intensive ;

b) l'aménagement des terres devant permettre la maîtrise de l'eau et l'irrigation ;

c) la mécanisation du labour, de la récolte, du pilage, de l'ensachage des denrées ;

d) l'utilisation des fertilisants verts et des engrais chimiques permettant progressivement l'élévation des rendements et une plus grande vitesse de rotation des récoltes ;

e) le traitement phytosanitaire des plants ou des champs ;

f) la pratique généralisée de la petite hydraulique agricole : forage de puits et installation de machines hydrauliques.

En premier lieu, chaque Commissaire Général de la Révolution doit être considéré comme le Ministre des Ressources Naturelles des Régions qu'il contrôle. Il en résulte qu'il assume la responsabilité principale des politiques de préservation, de développement et de défense desdites ressources, ainsi que de la promotion d'une véritable politique de protection des végétaux.

En second lieu, chaque Commissaire Général de la Révolution doit être considéré comme le Ministre de la Planification et de la Gestion des Ressources Naturelles des Régions qu'il contrôle. Il en résulte que le contrôle de l'élaboration, de l'exécution des Plans régionaux de développement lui incombe principalement. De plus, il a la charge de l'exécution des actions du Plan et, de ce fait, la gestion des délégations des crédits lui revient. Il en résulte aussi que cette action de contrôle et ce pouvoir de conférer aux décisions, issues des instances nationales et concernant le développement agro-pastoral, une plus grande efficacité, une plus grande flexibilité pour une meilleure adéquation aux conditions concrètes locales et donc une plus grande autonomie, exigent la mise en place d'un véritable bureau d'études et de programmation au niveau de chaque CGR avec tout l'équipement nécessaire.

Le Commissaire Général de la Révolution doit assurer réellement le contrôle de l'exécution des tâches par une dynamisation des actions, au niveau des FAPA et des FAC, et par un contrôle permanent de toutes les actions agro-pastorales.

Il doit suivre et encourager toutes les initiatives privées.

Il doit résoudre les problèmes d'approvisionnement en carburant et lubrifiant, en pièces détachées, en pneumatiques, bref il doit faire exécuter toutes les tâches pratiques qui conditionnent l'essor des unités de production agricole.

En d'autres termes, le Commissariat Général de la Révolution est l'institution du Parti-Etat servant de point d'appui principal pour l'exécution des politiques des deux Ministères : celui des FAPA et des Coopératives Agricoles ; et celui de l'Agriculture, des Eaux et Forêts et du Conditionnement, dans les Régions, Arrondissements et PRL de son ressort géographique.

Il est donc nécessaire que les structures et les activités des Commissariats Généraux de la Révolution (CGR) soient adaptées, dynamiquement, à cette action de développement de la paysannerie. Il faut que chaque Commissaire Général de la Révolution se considère réellement, en esprit et en action, comme le Ministre des Ressources Naturelles des Régions qu'il contrôle. Il faut qu'il se considère, en même temps, comme le Ministre chargé de la Planification sur toute l'étendue desdites Régions. Ce qui l'amènera à suivre attentivement **le comportement du Peuple, et celui des Services publics face au programme élaboré par le Parti-Etat et comportant des contraintes, c'est-à-dire des obligations de travail. Il faut que le CGR ait même des techniciens, un bureau d'études chargé à tout moment de l'inventaire des potentialités que recèle tel ou tel PRL, tel ou tel Arrondissement, telle ou telle Région, et potentialités dont la mise en valeur peut impulser le développement économique du PRL, de l'Arrondissement ou de la Région considérés. Tout ce qui est possible et réalisable pouvant désormais être conçu, discuté, décidé à l'échelle du CGR. Et qu'on ne dise plus qu'un programme établi ou déjà soumis au**

CNR suffit. En effet, tous les jours, on peut se rendre compte de l'existence d'une possibilité qui n'avait pas été perçue ou considérée lors des sessions du CNR et l'inscrire en bonne place pour qu'une action appropriée de valorisation soit menée en vue de créer un nouveau moyen de développement de notre économie.

Le CGR doit donc, effectivement et de façon responsable, assurer le contrôle de l'exécution des tâches :

1. — des FAPA installées dans sa zone ;

2. — des BMP dont on ne parle même plus, malgré les gros efforts financiers qui ont été engagés par le budget du Plan.

Les Fermes Agricoles Communales ne doivent pas rester des slogans de discours, mais elles doivent correspondre à une réalité effective en tant que propriété collective d'un PRL et être utilisées à la solution des problèmes collectifs du PRL.

Le CGR doit suivre, encourager, soutenir toutes les initiatives privées. Car dans les PRL, nombreux sont les citoyens qui, utilisant de nombreuses charrues à la fois, voire des tracteurs, ont mis en valeur de très grandes étendues.

Des problèmes se posent quotidiennement aux Fermes Agricoles Communales, aux Fermes Agro-Pastorales d'Arrondissement et aux producteurs privés : les problèmes tels que ceux des pièces de rechange pour les engins, de carburant, de lubrifiant, de pneumatiques, de moyens de surveillance, de protection et de sauvegarde des champs, par exemple des fusils, contre les animaux déprédateurs. Enfin, il existe des problèmes pratiques dont seule la solution rapide peut garantir des résultats positifs, les efforts déployés par les uns et les autres doivent être considérés comme ceux de tous les organismes dirigeants du Parti-Etat, du PRL au CGR comme tâches pratiques, que se doit de résoudre le camarade Commissaire Général de la Révolution.

La Révolution, c'est la production. C'est donc dans le secteur de la production que le principal cadre de la Révolution Nationale doit manifester sa fidélité rigoureuse à la ligne du PDG et son utilité au Peuple de Guinée.

Les directions techniques à installer au niveau du CGR, au niveau de la Région Administrative, au niveau de l'Arrondissement, doivent être revues dans leurs fonctions précises. Nous devons, en un mot, sortir de la théorie pour nous engager dans l'action concrète, nous avons à effectuer le contrôle quotidien de la marche que nous devons désormais mener avec méthode et sérieux.

La Ferme Agro-Pastorale d'Arrondissement, FAPA, n'est pas un campement provisoire d'étudiants en vacances. Ce n'est pas une halte sur le chemin d'un groupe en transhumance.

La FAPA n'est pas une expérience que nous serions en train de faire pour voir ce qui adviendrait.

La FAPA, c'est, et nous l'avons maintes fois dit, un complexe comprenant :

a) son domaine de culture, et une culture intensive, une culture à haute productivité, à haut rendement ;

b) son verger, plantation d'arbres fruitiers, conçue, exécutée, entretenue et exploitée suivant une science et une technique consommées ;

c) sa ferme d'élevage, un élevage moderne, d'un apport économique puissant, et aussi, d'une part, qualifiant l'agriculture grâce à une association intelligente des deux activités et, d'autre part, fournissant à la FAPA une partie de la quantité d'énergie dont celle-ci a besoin ;

d) les bases matérielles des diverses activités complémentaires et qualificatrices de l'agriculture et de l'élevage auxquels la FAPA peut et doit s'adonner ;

e) et aussi son habitat, village moderne, très fonctionnel, grâce, bien plus, à l'imagination créatrice des fermiers, à leur ingéniosité, à l'utilisation de techniques et de technologies heureuses qu'à d'énormes dépenses en capitaux.

La FAPA, c'est un complexe d'Unités de production agricole, pastorale, piscicole et artisanale répondant, à tous points de vue, aux exigences d'une entreprise économique à bilan largement positif et en constante amélioration, s'imposant la rigueur scientifique et la vigueur révolutionnaire requises, attentive à la reproduction élargie dans toutes ses activités et obéissant scrupuleusement au principe de non-exploitation de l'homme par l'homme.

La FAPA, c'est un centre de modernisation de l'agriculture et de promotion de la paysannerie dans chacun des PRL de l'Arrondissement auquel elle appartient.

La FAPA, c'est ainsi l'intrument privilégié du développement, en zone rurale, des technologies les plus appropriées à nos réalités et dont la hardiesse est la plus conforme à nos légitimes ambitions.

La FAPA, c'est l'agriculture, mais ce n'est pas la seule agriculture ; c'est l'élevage, mais ce n'est pas le seul élevage, ce n'est pas la seule pisciculture. Ce sont les petites industries artisanales, mais ce n'est pas que cela. La FAPA, c'est l'appropriation de la nature à la campagne, grâce aux ressources de la science et de la technique. C'est la maîtrise de l'eau pour l'agriculture, grâce aux aménagements hydro-agricoles. C'est la maîtrise de l'eau pour l'énergie qu'elle recèle, grâce à la construction de micro-barrages hydrodynamiques et à l'installation de micro-centrales hydro-électriques.

C'est les constructions rurales : bâtiments, voies de communication, ponceaux... C'est l'utilisation, pour notre bien-être, de tout ce qui est, localement, à notre portée. D'où la valorisation et l'utilisation des matériaux locaux dans la construction des bâtiments et des ouvrages d'art ; d'où, également l'utilisation large et systématique des engrais verts.

La FAPA est le centre privilégié et l'instrument adéquat de la promotion de toutes les micro-réalisations pouvant concourir immédiatement au mieux-être en zone rurale. Et c'est pour toutes ces raisons, c'est en raison de cette nécessité contraignante pour la FAPA de créer à la campagne la plupart des objets de notre bonheur, que nous devons savoir dès maintenant que demain, il nous faudra avoir au sein de la FAPA, des agents de tous les corps de métiers que nécessite la satisfaction des besoins de base. Et puisque c'est aujourd'hui que nous devons nous préparer pour demain, le Ministère des FAPA et des Coopératives Agricoles et le Ministère de l'Enseignement Technique Moyen et de la Formation Professionnelle doivent être attentifs, dès aujourd'hui, à ces exigences de demain.

La FAPA, somme toute, c'est un jalon puissant sur la route qui nous conduit à une civilisation nouvelle, une société nouvelle, que nous bâtissons et qui doit offrir à l'homme les meilleures bases économiques, matérielles, socio-culturelles et politiques et son plein épanouissement physique, intellectuel et moral, dans le meilleur environnement social et naturel.

Pour y réussir, nous devons allier, comme nous l'avons déjà dit, le réalisme le plus objectif à l'ambition la plus légitime, en ayant recours, au long du temps et le long de notre parcours, aux méthodes les plus scientifiques, à la prise en charge de toutes les éventualités, de toutes les opportunités, de tous les objectifs au fur et à mesure de leur apparition, en analysant tout, en contrôlant et vérifiant tout, en rectifiant la marche, instruits par l'action, en étudiant, au cours de chaque phase, celle qui va la suivre.

C'est cette vision de la FAPA qui doit éclairer l'élaboration du plan de production de la FAPA.

DU PLAN DE PRODUCTION DES FAPA

Posons-nous d'abord quelques questions :

Pourquoi la FAPA produit-elle ?

Elle produit pour résoudre deux problèmes essentiels :

a) Contribuer, de la façon la plus significative, à l'effort que fait toute la Nation pour, d'une part, mettre fin, à court terme, à l'importation des denrées alimentaires de base (céréales, huiles...), tout en assurant à toute la population une alimentation suffisante et diversifiée et, d'autre part, réussir, à moyen terme, à exporter ces mêmes denrées que nous importons aujourd'hui, et à intensifier l'exportation, dans une proportion toujours croissante, de divers autres produits végétaux et animaux.

b) Le deuxième problème que la FAPA a à résoudre et qui est un problème à très court terme, deux à trois ans au plus, c'est la conquête, par la FAPA, de son autonomie financière ; c'est-à-dire qu'au terme de ce délai, la FAPA doit pouvoir, par ses seuls produits, subvenir à tous ses besoins :

1. le traitement de tous les fermiers et, éventuellement, de tous les travailleurs saisonniers qu'elle utilise ;

2. toutes les charges de fonctionnement de l'Entreprise ;

3. l'amortissement des moyens de base.

Que doit produire la FAPA ?

Elle doit produire les produits végétaux et animaux aujourd'hui importés et les produits agricoles dont nos industries ont besoin et ceux qui alimentent et alimenteront de plus en plus nos exportations.

Qui produit dans la FAPA ?

Ce sont, essentiellement, les fermiers, ingénieurs et aide-ingénieurs de tout profil rural, qui produisent et qui ne doivent jamais, trichant avec la Révolution, se faire remplacer par des paysans qu'ils payeraient pour travailler à leur place, bien que la FAPA puisse, à l'occasion, avoir recours à la force de travail additionnelle d'auxiliaires agricoles.

Et c'est parce que la production dans les FAPA se fait essentiellement par ces hauts techniciens de l'agriculture, de l'élevage, de l'aménagement, de la bonification du sol, etc, que nous sommes en droit d'exiger d'eux d'atteindre, dans les délais les plus brefs, aux meilleurs rendements mondiaux, et de mettre en place les installations leur permettant de faire plusieurs cultures dans l'année, de faire l'agriculture 12 mois sur douze de l'année.

C'est dire que le programme d'activités productives de départ, arrêté par la Commission désignée par le Conseil du Gouvernement, n'est qu'un programme minimum, un programme-plancher qui doit être largement dépassé par les FAPA normales.

Une FAPA normale ne doit pas hésiter à se fixer, comme tâche, la production annuelle de 200 tonnes de céréales au lieu des 30 à 60 tonnes retenues par la Commission

Une FAPA normale ne doit pas craindre d'avoir une plantation d'arbres fruitiers de 50 ha à 100 ha au lieu de 20 ha indiqués par le programme élaboré par la Commission.

Une FAPA normale ne doit pas craindre d'avoir un cheptel de 100 têtes de bovins au lieu des 10 à 20 retenues dans le programme.

Il faut allier réalisme, technique et sens du progrès.

Mais, pour que ceci soit une réalité, pour que chaque FAPA puisse, en trois ans d'activité, se suffire dans tous les domaines, dégager un surplus par la reproduction élargie, contribuer largement aux efforts de toute la Nation dans sa lutte pour atteindre d'abord, à l'auto-suffisance alimentaire et, ensuite, à l'exportation d'importantes quantités de produits végétaux et animaux, il faut que les cadres régionaux, cadres politiques et techniques, le veuillent et fassent l'effort d'y aboutir.

Si les principaux cadres intellectuels et techniques du Parti-Etat œuvrent, avec intelligence et détermination, au progrès de notre politique de modernisation de la vie rurale, les autres militants des villes et des villages n'entoureront plus la FAPA de leur indifférence. Bien au contraire, tout le Peuple soutiendra avec vigueur la nouvelle institution de production agro-pastorale, et toute entreprise socio-économique, effectivement soutenue par les masses populaires, est toujours sanctionnée par le développement constant.

DE LA DYNAMIQUE DES RELATIONS PRL-PRA

La FAPA est l'instrument privilégié des PRL du même Arrondissement dans la lutte de ceux-ci pour la domination de la nature, la qualification de la production et des échanges, et l'administration des choses. Mais nous sommes entrés dans la phase de l'édification concrète des relations entre PRL et FAPA. Nous ne devons plus nous contenter de formules : nous devons cerner les choses de très près. Il va de soi que si une institution relevant de la sphère des activités agro-pastorales n'est pas intégrée à la dynamique des PRL ruraux, ladite institution sera sans effet positif sur la paysannerie et deviendra une source de dépenses inutiles et un facteur de démobilisation des paysans.

a) **Des activités productives :**

Nous rappelons aux camarades quc, chaque année, nous importons quelque 60 000 tonnes de céréales pour quelque 25 000 000 de dollars, soit, au cours actuel, 500 millions de sylis. C'est là une première donnée. Une seconde donnée est que la masse des producteurs paysans produit en Guinée, chaque année, quelque 600 000 tonnes « équivalent céréales » de denrées vivrières. Il suffirait que la masse des paysans réussisse à accroître cette production de 10 %, aujourd'hui, pour que nous n'ayons plus à importer de céréales, à condition que ce taux d'accroisement annuel soit au moins constant, s'il ne peut pas augmenter. Mais 10 % de taux constant d'accroissement annuel de production végétale et animale exige un saut technologique qualitatif dans les méthodes culturales, saut que la masse des paysans n'est pas prête à effectuer spontanément ou sur de simples conseils.

Ce sont les enfants de toute la Nation qui, après 15 à 17 ans d'études ad hoc et installés dans le voisinage de leurs frères et sœurs, pères et mères restés paysans, ce sont donc ces enfants qui, à travers ce qu'ils **font** et **disent,** à travers tout leur comportement, pourront entraîner les paysans et leur faire faire le pas décisif.

La FAPA rendra un service précieux au paysan en lui montrant les techniques agricoles appropriées telles que le labour en contour, l'utilisation la plus rationnelle possible d'équipements et d'outils qualifiés, l'amélioration des semences, l'emploi judicieux d'engrais verts et de fumier de ferme, les méthodes améliorées de moisson, de stockage des produits et de leur préservation contre les dommages causés par les insectes et les rongeurs. Signalons ici que l'augmentation de la production rizicole doit, dans une grande mesure, être axée sur l'amélioration des variétés. Par ailleurs, la riziculture développée, demandant le recours à des variétés très productives, aboutit à des transformations dans les « liaisons » insectes-maladies. Aujourd'hui, se manifestent des maladies jadis inconnues et des espèces d'insectes envahissent les champs provoquant des maladies dont les effets n'étaient pas graves auparavant et qui sont maintenant catastrophiques. Nous voyons bien la FAPA attaquer ce problème, avec des techniques intégrées de combat. Dans une seconde phase, après qu'elle aura réussi à maîtriser l'eau, grâce à l'édification de barrages hydrauliques et de bassins de retenue d'eau, la FAPA pourra démontrer au paysan l'intérêt de la culture irriguée en même temps que les techniques les plus élémentaires de construction d'ouvrages hydrauliques.

Mais, pour pouvoir faire toutes ces démonstrations, il faut que la FAPA, elle-même, soit une ferme qui corresponde au niveau technologique des fermiers et à la fiabilité technique du matériel dont ils disposent : les fermiers se doivent d'améliorer les méthodes culturales des paysans, bien qu'ils doivent être attentifs aux méthodes utilisées par ceux-ci, méthodes qui répondent toujours à quelque chose qu'il faut comprendre pour mieux résoudre le problème qui était mal résolu.

Donc, pour que la démonstration soit pertinente, permettant au paysan de voir de ses propres yeux l'efficacité des matériels et méthodes améliorés, il faut que la FAPA représente un modèle d'efficacité, que l'agriculture soit intensive et non extensive, que la production globale réponde à ce qu'on doit attendre d'une FAPA.

La FAPA pourra également rendre disponibles des agronomes et d'autres spécialistes pour conseiller le paysan dans l'aménagement de ses propres champs, pour l'aider à résoudre ses propres problèmes techniques et lui montrer comment appliquer des méthodes d'agriculture améliorées pour faire face à sa situation et à la satisfaction de ses besoins particuliers.

La FAPA pourra rendre un autre service en mettant à la disposition du paysan des semences sélectionnées et, dans une deuxième phase, en lui apprenant comment créer et cultiver son propre champ semencier.

Après la récolte, et si la FAPA dispose d'installations appropriées, elle pourra soumettre les produits végétaux et animaux du paysan à certaines opérations d'usinage si ces produits exigent de tels traitements : décorticage de riz, concassage de palmistes, pressage d'amande de palme, séchage des noix de coco pour en faire le coprah, extraction d'huiles essentielles, etc.

Ces exemples ne sont donnés que pour inviter non seulement le Ministère des FAPA et des Coopératives Agricoles, non seulement le CGR, mais aussi tous les cadres à considérer toute l'assistance que la FAPA doit donner au paysan producteur, afin que l'équipement des FAPA réponde à la mission que le Parti-Etat leur confie et que ces dernières tiennent compte de toutes les données dans l'élaboration de leur programme d'action.

b) **Des échanges :**

Si nous prenons toutes ces mesures pour intensifier la production, c'est justement pour nous éloigner de plus en plus de l'économie de subsistance afin de développer l'économie de marché, d'où l'importance croissante des échanges entre le PRL d'une part, et les ERC et les Sociétés nationales de l'autre. Or, la circulation des biens exige l'existence de centres-relais, d'installations de conditionnement et même quelque fois de premières transformations des produits, des magasins de stockage dans les meilleures conditions techniques.

Toutes ces considérations nous avaient amenés à créer, en 1972, les MPA (Magasins Populaires d'Arrondissement). Mais vous savez à quelles catastrophes nous avions abouti avec ces MPA. Nous en connaissons quelques-unes des causes : les MPA ont été confiés à des aventuriers sans aucune formation, uniquement mus par l'esprit de vols, et agissant pour le compte de leurs Chefs des ERC et d'autres dilapidateurs. Nous avons dû liquider ces MPA.

Il a été arrêté, lors de l'installation des premières FAPA, que chacune d'elles doit avoir son comptable, son magasinier, son agent de conditionnement, etc. Que voilà une équipe qui, si elle est effectivement constituée, pourrait, en plus des charges qui lui incombent, s'agissant du fonctionnement de la FAPA, constituer le premier noyau du Centre commercial dont doit se doter chaque FAPA pour accomplir la mission dont nous venons de parler, s'agissant des échanges de biens entre les PRL et l'ERC.

La FAPA peut et doit intervenir dans le PRL sur bien d'autres points et c'est à dessein que nous nous sommes arrêtés aux deux points des activités de production et d'échanges des biens, pour ne pas disperser notre attention.

Mais, c'est parce que la FAPA a à jouer ce rôle décisif de décollage de la paysannerie guinéenne dans la modernisation de l'agriculture et de l'élevage et, d'une façon plus générale, dans la promotion du monde rural guinéen, au plan de la technique et de la technologie dans tous les domaines, que nous devons nous ceindre les hanches et faire des efforts pour qu'elle soit une réussite exemplaire.

C'est pour les mêmes raisons que nous ne cessons d'affirmer aux pays amis, aux organisations et sociétés étrangères qui veulent nous aider dans le domaine agro-pastoral et qui veulent donner à leur aide une efficience maximum, qu'il faut que leur aide aille principalement aux Fermes Agro-Pastorales d'Arrondissement.

Nous avons dit que le PRL n'est pas une solution mais la solution. Nous devons compléter cette proposition en disant que la FAPA n'est pas un instrument mais l'instrument privilégié du PRL et c'est pourquoi, maintenant, elle doit mobiliser le meilleur de nous-mêmes.

Ahmed Sékou Touré

DU NOUVEAU A REALISER

Sur le chemin de l'histoire de notre Parti-Etat nous venons de franchir une étape qui nous permet d'aborder sans rupture une nouvelle car la Révolution populaire est continuité dans l'élaboration et la réalisation du programme démocratiquement adopté par le Peuple.

Nous avons compris qu'il n'y a pas de situation parfaite. Tous les Peuples sont en devenir. Tous les Peuples sont porteurs d'aspirations légitimes et leurs comportements, leurs activités restent toujours sous-tendus par leur volonté d'élargir et de consolider leur bonheur. Mais nous savons que le bonheur signifie équilibre interne et externe de l'homme et du Peuple. Il n'est représenté par aucune quantité d'éléments. Il est un élément qualitatif qui exprime un état interne d'harmonie entre les conditions d'existence de l'homme et du Peuple et les possibilités réelles de l'homme et du Peuple.

Il n'y a pas de situation parfaite disons-nous puisque les hommes comme les Peuples sont par nature, des entités dynamiques. Il n'y a aucune limitation à leur aspiration au bonheur qu'ils veulent conquérir pour se réaliser et s'épanouir. Nous savons tous que l'homme nait et disparaît. Que le temps que lui accorde Dieu pour son existence soit long ou bref, l'homme n'a jamais la possibilité de résoudre tous ses problèmes ou de réaliser l'ensemble de ses aspirations. Il meurt toujours en emportant avec lui certains rêves, certaines espérances, certains objectifs non réalisés. Il n'en est pas de même des Peuples qui disposent de tout le temps pour se réaliser continûment et assumer leur responsabilité dans la recherche du bonheur et du mieux-être. C'est pourquoi, pour un Peuple il ne saurait être question d'expérience. L'expérience ne s'entend que pour la matière que l'on peut manipuler à sa guise. Le Peuple ne saurait être un objet de laboratoire. Le Peuple s'engage toujours à partir de sa conscience, de sa volonté à travers le temps et l'espace, à la recheche d'objectifs légitimes absolument à atteindre. Le PDG, Parti du Peuple de Guinée nous a engagés dans une entreprise historique dont la finalité ne change jamais. Les formes de l'action peuvent varier d'une étape à une autre mais la finalité demeure toujours.

L'idéologie du PDG veut que notre Peuple vive dans une réalité de liberté, d'unité et qu'il acquiert toutes les capacités pour pouvoir maîtriser chaque année davantage les éléments de sa propre histoire. Il veut faire l'histoire pour se réaliser lui-même, et non rester objet d'un déterminisme de quelle que origine que ce soit qu'il subirait. Il veut maîtriser les lois objectives de l'évolution socio-historique pour les orienter dans le sens de son évolution démocratique et sociale.

C'est pourquoi, à chaque étape de notre marche, les cadres dirigeants du Parti ont le devoir d'analyser collectivement la situation en vue, d'une part, de déceler les insuffisances, les défauts, bref tout élément pouvant tant soit peu gripper le fonctionnement de la machine sociale et d'autre part, de répérer les facteurs positifs, les éléments d'utilité sociale à consolider et à utiliser avec davantage d'efficacité.

Le 11e Congrès a prescrit l'implantation de fermes agro-pastorales dans les Arrondissements en utilisant les jeunes universitaires qui ont reçu, en conséquence, une formation à la fois théorique et pratique et qui vont devenir les nouveaux paysans nécessaires à la domination de la nature, à l'augmentation quantitative et qualitative de la production nationale.

Il n'y a pas de situation parfaite ! Cela veut dire encore que toute situation sociale est complexe. En effet, deux jumeaux homozygotes peuvent être différents, surtout sur le plan social. Tout dépend de l'éducation. Tous les hommes, s'ils sont identiques par certains traits, sont également différents par d'autres. C'est dire enfin, qu'en raison même de la loi du renouvellement de toute société humaine, le nouveau et l'ancien cohabitent ou pour mieux traduire la complexité sociale, le nouveau et l'ancien se combattent.

L'existence du nouveau dans l'ancien, n'est pas seulement du point de vue de l'âge physique mais aussi de l'âge mental, du degré de formation idéologique, politique et technique des hommes réunis ici.

L'ancien résiste à la disparition alors que le nouveau qui y est en germe veut et doit éclore. La résistance de l'ancien a beau être forte, le nouveau brise toujours la carapace qui veut l'étouffer et jaillit. C'est une question de temps, mais le mécanisme s'effectue toujours. Il en est de même si nous prenons en considération l'ensemble des objectifs du Peuple Guinéen.

Nous pouvons caractériser le passé en tant que phase ancienne de médiocrité à cause de la domination coloniale et féodale. Le pays dominé et maintenu dans l'ignorance malgré ses grandes potentialités économiques, ne pouvait se planifier et s'organiser pour atteindre l'auto-suffissance rêvée. Mais devenu indépendant, le pays doit fournir tous les efforts nécessaires pour renforcer davantage sa souveraineté politique arrachée de haute lutte. Bien sûr et malgré nos efforts, les hommes ne sont pas tous qualifiés et cela se ressent dans le niveau de rendement dans la production. Les moyens qu'ils utilisent sont toujours à améliorer pour les adapter à la complexité croissante de l'objet de leur travail, et même l'état d'organisation comporte encore des faiblesses. Cela veut dire que nous devons nous défaire de ces caratéristiques qui représentent dans notre existence d'aujourd'hui ce que nous considérons commes des facteurs négatifs du passé car la tradition de lutte anti-colonialiste et anti-féodale doit rester dans nos esprits. Cette tradition renforce en nous notre attitude de porteurs de légitimes aspirations au progrès démocratique et social dans tous les domaines. Mais le progrès commence par l'homme lui-même. Pour qu'il puisse créer le progrès autour de lui, il faut que sa conscience, sa volonté, ses capacités de transformation de la nature expriment un degré de volonté requis à cet effet. Au fur et à mesure qu'il s'accomplit, il crée les conditions propres à accomplir les tâches pratiques nécessaires à l'amélioration de son mode de production et de son mode d'existence. Notre conscience doit nous pousser dans une véritable guerre contre nous-mêmes, en vue de nous défaire de tout ce qui relève du passé comme facteur négatif. Cette conscience veut le renouveau, l'amélioration, le perfectionnement et un équilibre dynamique dans tous les secteurs de notre existence ; il exige que nous qualifions toutes les choses en nous qualifiant nous-mêmes. Cela ne peut se faire que dans l'action qui seule crée, transforme et embellit la vie. C'est pourquoi, à l'ordre du jour de chaque instance du Parti, figurent en bonne place de nouvelles actions à engager.

Entre le nouveau et l'ancien, il n'y a pas une simple cohabitation dans la mesure où l'ancien cherche à étouffer le nouveau. Le nouveau que nous voulons réaliser, c'est une paysannerie moderne qui s'appuie sur le travail créateur et qui utilise la science et la technique modernes qu'il faut conquérir. C'est donc avec attention que nous devons suivre le processus de l'action déclenchée. Nous devons étudier méthodiquement tous les problèmes qui se présenteront à quelque échelon que ce soit pour les résoudre afin de ne pas bloquer la marche.

L'ancien, c'est le paysan de chacun des villages de Guinée ; celui-là qui utilise la daba, qui n'arrive à mettre en valeur que quelques deux ou trois hectares de terre pour la seule subsistance de la famille, qui végète dans une case sans confort ! C'est ce paysan qui rêve de bonheur mais qui ne se trouve pas dans des conditions subjectives et objectives de le réaliser pleinement. Voilà l'ancien ! Et nous savons ce que cet ancien représente d'insuffisances à l'échelle de la Nation. Nous ne pouvons accepter qu'un pays aussi nanti que la Guinée dont le sort peut être envié par beaucoup de Peuples du monde soit encore amené à importer des denrées alimentaires. Nous ne laisserons pas les autres nous critiquer. Nous devons, en tant que révolutionnaire conséquent, rechercher et étaler nos insuffisances. Et c'est là aussi une marque d'honnêteté vis-à-vis de nous mêmes, vis-à-vis des autres et aussi l'expression de notre volonté d'en finir avec l'insuffisance.

Nous devons résoudre nos problèmes ; car aucun Peuple, si généreux soit-il, ne viendra les résoudre pour nous et à notre place. Et c'est pourquoi, notre travail doit être à la dimension des grandes possibilités que la nature nous offre pour devenir un Peuple heureux, prospère, apportant une contribution à l'amélioration des conditions de vie des autres Peuples qui ne sont pas naturellement aussi bien pourvus que la Guinée.

C'est pourquoi, le nouveau doit être réalisé. Il est représenté par nos frères, nos fils qui ont reçu une formation technique à l'université et qui s'emparent de la campagne pour y pratiquer l'agriculture, l'élevage, la pêche, la pisciculture, l'artisanat, bref tous les métiers que nécessite la valorisation des ressources naturelles.

C'est cette action qui nous permettra d'accélérer le développement économique et social de notre pays. En effet, nous sommes conscients que si les Etats-Unis et l'Europe, avec moins de 15 % de la population active dans les activités agropastorales, arrivent à obtenir une production supérieure à leur consommation et aussi interviennent dans l'alimentation de nombreux Peuples du monde, cela ne relève pas de la couleur de la peau des Peuples américain ou européen, mais de leurs capacités scientifiques et techniques . La technique et la science prolongent et perfectionnent les sens humains, les facultés humaines. Nous devons aussi les conquérir et les utiliser en vue d'améliorer nos conditions de vie. L'Afrique, avec 80 % de sa population active engagés dans les activités agropastorales reste encore sous-alimentée.

C'est cela l'ancien. L'ancien, c'est aussi la mentalité qui fait des villes les lieux d'habitation des intellectuels et de ceux mêmes non intellectuels qui fuient le travail de la terre tandis que les villages sont réservés aux paysans, aux analphabètes, aux pauvres ! C'est ainsi que dans chaque pays d'Afrique, chaque jour, il y a des jeunes qui désertent leurs familles pour aller encombrer les centres urbains plutôt que d'être dans les champs de leurs parents restés cultivateurs. Quelle est leur contribution au bien-être familial et social ? Elle est nulle, car ces jeunes préfèrent l'oisivété au travail créateur ! L'exode rural est devenu un fléau en Afrique. Il est l'expression d'un profond déséquilibre économique, politique et socio-culturel. L'ancien est aussi représenté par la mentalité du jeune qui va à l'école et qui se dit : « je vais à l'école pour être fonctionnaire, pour pouvoir plus tard faire travailler les autres et ne plus travailler ».

Voilà l'idée qui persiste encore dans la tête de certains qui atteignent le niveau de l'université. Eh bien, la Guinée Révolutionnaire saura indiquer le chemin du progrès économique aux pays africains en envoyant tous les universitaires moderniser, qualifier et embellir la vie de leurs pères et mères dans les villages, dans les zones rurales. L'homme qui va au Peuple ne s'abaisse pas, il s'élève au contraire, car il ne peut atteindre à un degré élevé d'utilité socio-historique qu'en plongeant dans les racines de la société et en apportant effectivement une contribution au combat du Peuple pour le bien-être.

Voilà donc déjà plus de dix milliers de jeunes universitaires qui évoluent à côté de leurs pères et de leurs mères dans les villages et chaque année, ce nombre s'accroît. Dans cinq ans, nous aurons ainsi quelques 30 à 35 000 ingénieurs et aide-ingénieurs agronomes, vétérinaires, zootechniciens, constructeurs, aménagistes au sein de la paysannerie guinéenne qui se renouvelle avec des éléments qualitativement formés. Et nul doute qu'au bout du chemin, nous nous retrouverons avec une paysannerie moderne maîtrisant les pratiques productives et tirant profit des grandes potentialités que recèlent la terre et les eaux de Guinée. Si l'ancien et le nouveau se confrontent, nous sommes convaincus que la dynamique de l'évolution est représentée par le nouveau et qu'il va agir sur l'ancien pour l'améliorer s'il est positif et le liquider s'il est négatif, grâce à l'amélioration du comportement social et des méthodes de travail. Mais faut-il dès maintenant entourer l'œuf de l'attention vigilante de tout le Peuple et particulièrement des organismes dirigeants du Parti-Etat !

Nous n'avons pas voulu former des oisifs, des fainéants en leur distribuant généreusement des parchemins et en les laissant dans la vie sans emplois utiles pour eux-mêmes et pour la société. Nous formons des travailleurs qualifiés et compétents. Pour mieux réaliser ce programme, nous devons de plus en plus harmoniser la liaison entre l'objet de la formation et le sujet qu'est l'étudiant comme nous l'enseigne la vie. En effet, regardons nos villages : chacun compte différents corps de métiers praticables en zone rurale ; il y a des pêcheurs, des forgerons, des bijoutiers, des menuisiers, des maçons, des éleveurs, des potiers, etc. Chaque famille éduque ses enfants en fonction des exigences du corps de métier qui est le sien. Le forgeron a dans son atelier ses enfants, il leur transmet son savoir-faire progressivement. Il en est de même des rapports entre le menuisier et ses enfants, de ceux du bijoutier avec ses enfants, de l'éleveur avec ses enfants, du potier ou de la potière avec ses enfants, etc. C'est pourquoi, nous ne devons plus mettre en avant l'instruction pour l'instruction ; celle-ci est un moyen et non une fin en soi. Mais, avant de choisir le moyen, il faut être d'accord avec la finalité de l'utilisation dudit moyen pour atteindre l'objectif fixé.

Nous sommes tout un chacun, issus de famille paysanne et l'avenir sera davantage déterminé par le développement agro-pastoral.

C'est pourquoi, nous avons bien fait d'instituer exclusivement l'enseignement agro-pastoral dans toutes les écoles du premier cycle et du deuxième cycle. Il n'y aura d'autre orientation ou d'autre profil qu'à partir du troisième cycle. Et il faut toujours adapter davantage cette école aux activités agro-pastorales. Nous devons continuer à agir en sorte que les agronomes de demain, les paysans de demain soient recrutés parmi ces jeunes qui sont à l'école primaire. S'ils méprisent le travail manuel, ils mépriseront leurs pères et leurs mères qui pratiquent le travail manuel ; s'ils méprisent la vie de l'éleveur, de l'artisan, du paysan, ils mépriseront du coup leurs propres familles et quelles que soient les chances que vous pourrez leur offrir, ces jeunes évolueront dans un premier déséquilibre en tant qu'être social. Ils se seront coupés de leurs familles, coupés de leurs villages, coupés de leur Peuple. Ils ne seront jamais heureux, même si vous mettez à leur disposition des sommes d'argent considérables. « L'argent ne fait pas le bonheur » dit-on. Et nous avons déjà précisé que notre tâche n'est pas d'enseigner, mais d'éduquer. On peut enseigner sans éduquer. C'est pourquoi, nous préférons éduquer parce qu'on ne peut pas éduquer sans enseigner. Comment et pourquoi éduquer ? Il faut que la destination soit connue, que l'objectif d'une marche soit connu avant qu'on ne connaisse les moyens de la marche. L'ancien, le passé, étaient représentés par ce jeune qui allait à l'école sans savoir au bout de 5 à 12 ans, même à l'université, ce qu'il fera demain ; c'est cela l'ancien ; on mettait la charrue avant les bœufs. Maintenant, l'objet de la formation doit être connu d'abord du sujet de la formation.

Mais en plus de la connaissance de l'objet de la formation, les jeunes devraient non seulement connaître leurs postes futurs, mais accepter volontairement, en plus de l'accord des parents, leur formation en agronomie.

Aussi, certaines familles voudraient légitimement que les enfants, après leur formation, reviennent valoriser leurs fermes agricoles, tout autre activité agro-pastorale de la localité afin d'améliorer leurs conditions de vie. Nous devons faire face aux difficultés qui se présenteront nécessairement dans nos régions et dans nos villages. Nous soulevons le problème particulier de la transplantation quelquefois non souhaitée pour retenir l'attention des cadres afin qu'au niveau des Fédérations et des FAPA, la discussion sur ce point continue. Les couches sociales qui existent doivent être étudiées dans leur dynamique et aussi dans les contradictions qui les caractérisent. De toutes les manières, en ce qui concerne l'orientation des futurs étudiants, nous devons, en toute sagesse, faire participer les parents et les engager en même temps que les élèves. Ce n'est pas une vie de fonctionnaire, la FAPA.

En effet, contrairement à l'agriculteur, au fermier, à l'éléveur, le fonctionnaire, en attendant les 30 années de service pour aller à la retraite, peut se déplacer de poste en poste. De tels déplacements nuiraient au fermier ou à l'agriculteur.

En ce qui le concerne **le lieu d'implantation la ferme, est son lieu définitif de résidence.** Alors, pensons à tous ces problèmes. Voyons en chaque fermier notre propre fils. Et ce que nous ne pouvons pas admettre pour notre propre fils, ne doit pas être appliqué au fils d'autrui. Ainsi, la FAPA continuera à requérir la réflexion de chacun et de tous et à bénéficier surtout de l'apport de chacun et de tous pour lui permettre de réaliser les objectifs qu'elle représente dans l'évolution de notre pays. N'oublions surtout pas que la FAPA est une Unité coopérative ! En conséquence nous devons réfléchir à la qualité des rapports entre les camarades coopérés, ceux-là qui sont destinés à vivre ensemble pour tout le temps. Nous devons y veiller.

Au départ, nous sommes obligés de désigner, en fonction de l'expérience, en fonction du grade universitaire, quelques-uns comme Directeurs. Mais on peut être le premier au sortir de l'Université, quelquefois avec une moyenne de 19/20, et se révéler le plus médiocre producteur ou le pire des organisateurs d'une coopérative.

La Coopérative doit avoir un caractère autonome et responsable. Au bout de trois années, il faut que la coopérative, librement, se dote de son Conseil d'Administration et désigne aux postes qu'il faut, des hommes qu'il faut. Cela est nécessaire, si nous voulons que les rapports de cohésion soient établis au sein de chaque coopérative. La responsabilité sera à la fois individuelle et collective.

Entre la fin et le moyen, il faut une liaison directe, il faut une liaison harmonieuse entre l'objet et le sujet du travail. L'harmonie ne peut être effective que si les actes du travailleur expriment sa liberté, sa volonté et aboutissent à son intérêt. L'intéressement est comme un élément dynamique pour l'homme aussi bien que pour une coopérative dans ses tâches quotidiennes. **C'est pourquoi la fonctionnarisation de l'agriculture, n'a eu nulle part un résultat positif.** On peut programmer une machine et la faire fonctionner, mais on ne programme pas les hommes en dehors de leur volonté et de leur intérêt. Nous disons que si la volonté de devenir fermiers modernes est évidente au niveau de nos Jeunes, elle ne suffit pas, il faut qu'ils approfondissent les implications de leur choix, qu'ils se familiarisent avec tous les problèmes de leurs profils et qu'ils continuent à se former et à se surformer dans tous les domaines. Autrement, la moindre difficulté pratique les découragera, or il n'y a du sérieux dans le comportement de l'homme qu'à travers la constance dont il fait montre dans son combat pour réaliser l'objectif qu'il s'est fixé. Il est donc indispensable et urgent de faire tarir les sources de découragement, au niveau des fermiers. Cela ne dépendra pas seulement du climat dans lequel les FAPA vont baigner mais dépendra aussi des efforts des fermiers eux-mêmes. Il faut de toutes les manières donner la preuve qu'à une formation intellectuelle, technique, technologique donnée, corresponde nécessairement un rendement donné. Il faut que le fermier, par son rendement, s'impose au paysan s'il veut être pris au sérieux par le paysan et devenir aussi un modèle. Si le paysan archaïque, comme on dit, a un rendement supérieur à celui du paysan universitaire, ce serait la démonstration de l'incapacité du nouveau paysan.

Cela est à éviter, et c'est pourquoi la valorisation dans l'opinion de notre éducation est liée au rendement effectif des FAPA, dans les zones où elles opèrent. **Il est nécessaire que le programme de travail établi fasse l'objet d'une discussion des fermiers eux-mêmes afin de l'adapter aux réalités naturelles qu'ils ont à transformer.** En tous cas l'adaptation du programme d'activités aux données naturelles et socio-économiques permettra toujours de tirer le maximum de profits des potentialités qui existent, les activités sont nombreuses mais la préférence sera donnée à telle ou telle activité parce qu'elle offre plus de possibilités que les autres. C'est l'étude des conditions spécifiques du lieu d'implantation et des moyens existants qui permet à chaque FAPA de s'orienter et de décider.

De toutes les manières, l'esprit d'économie doit animer les gestionnaires des FAPA parce qu'il faut accumuler pour garantir l'avenir. Une contrainte cardinale : obtenir le maximum de rendement, le maximum de productivité et le maximum de production dans les conditions naturelles de la localité, conditions qu'il faut transformer par la volonté, la science et l'imagination créatrice. Il faut consolider les bases de l'action, améliorer et multiplier les moyens techniques. Il faut recourir aux méthodes de travail les meilleures. Et ces méthodes sont à rechercher. Il ne s'agit pas seulement d'une quantité donnée d'efforts ; si les efforts ne s'expriment pas à travers une méthode adaptée à l'objet du travail, le rendement est médiocre.

La maîtrise de toutes ces réalités relève bien entendu de la capacité des fermiers eux-mêmes et de la disponibilité des cadres.

Ceux qui doivent réellement s'engager, décider, réaliser et contrôler, ce sont les fermiers eux-mêmes. Qu'ils ne perdent jamais de vue qu'il s'agit de leur propre existence et on serait heureux d'enregistrer la preuve tangible que ces fermiers ont des moyens d'existence supérieurs à ceux des fonctionnaires des bureaux. Voilà l'objectif que nous devons réaliser.

C'est le lieu et le moment de détruire définitivement les propos que tiennent certains, même des cadres placés à de hauts postes de responsabilité pour décourager les jeunes universitaires. Que disent-ils ? Ils répandent le bruit que « la

Direction Nationale du Parti veut confiner les jeunes universitaires à la vie ancestrale et dépassée de leurs parents à la campagne, dans les villages afin de les abrutir.

Que partout ailleurs les yeux s'ouvrent, les hommes progressent en bonheur tandis que chez nous, l'on veut, après l'Université, et pour avoir la paix, nous enfermer dans des trous. »

Ce sont là des propos où le cynisme le dispute à l'abjection !

D'abord, nous devons souligner, une fois de plus, que chaque année, la République Populaire Révolutionnaire de Guinée forme plus de cadres universitaires que tous les Etats, anciens territoires de l'Afrique de l'Ouest sous domination française, réunis.

Ensuite, le Parti-Etat, conscient de l'immensité des ressources naturelles que recèlent le sol et le sous-sol guinéens et déterminé à ne jamais brader une parcelle, si minime qu'elle soit, de ces richesses, a choisi de développer prioritairement, et en points d'appui des autres activités productives, celles des resources qui sont et renouvelables, et à la portée de l'immense majorité du Peuple, les ressources agro-pastorales, et de former en conséquence et massivement les maîtres d'œuvre qui doivent y œuvrer.

Et c'est cela le sens du progrès.

En troisième lieu, le Parti-Etat a pour principe fondamental de prescrire à tous les cadres d'aller au Peuple, là où est le Peuple, non pour consolider l'ancien, le caduc, mais pour y promouvoir le progrès matériel, technique, technologique, scientifique, socio-culturel en qualifiant et faisant fleurir en même temps notre authenticité dans ce qu'elle a de plus humain.

Et c'est cela le progrès.

Enfin, ce faisant, et s'agissant des Jeunes Universitaires, ingénieurs et aide-ingénieurs du profil agro-pastoral ou de tous autres profils, administrateurs, économistes, professeurs, médecins, s'agissant de tous ces jeunes porteurs de la science, de la technique et de la technologie que le Parti-Etat envoie à la campagne, il est convaincu, il sait de science sûre que si nous apportons aux Fermes Agro-Pastorales d'Arrondissement l'assistance morale, spirituelle, idéologique et politique requise, car l'assistance matérielle est déjà très génereusement assurée, ce qui, un jour pourrait inquiéter les citadins, ce seraient l'aisance matérielle, la quiétude morale et l'épanouissement de ces Fermiers.

Et c'est cela le sens du progrès.

La Révolution Populaire, c'est la marche dynamique de tout le Peuple sur le chemin du progrès et dans le sens du progrès total.

Jeunes fermiers des FAPA, un devenir radieux s'offre à vous si vous savez, par votre volonté, votre science, vos initiatives et votre imagination créatrice, aller à l'assaut de ce devenir.

En France, en Grande-Bretagne, en Amérique, dans beaucoup de pays les fermiers ne sont pas des pauvres. Les fonctionnaires envient l'aissance des fermiers. Et puis, nous savons bien que c'est surtout grâce à sa production végétale et animale que les Etats-Unis d'Amérique doivent leur puissance dans le monde.

Voilà les perspectives qui, une fois atteintes, mettront fin à l'exode rural et attireront les jeunes vers la campagne.

Au lieu de s'éloigner de la famille, on se rapprochera de la famille et le Peuple réalisera l'unité en n'acceptant plus en son sein des clivages arbitraires.

C'est pourquoi, nous invitons les fermiers à faire montre d'intelligence, de perspicacité ; et pour ce faire, à utiliser consciemment et consciencieusement les moyens et le temps à la valorisation d'une partie des possibilités immenses que leur offre la nature. Ils ne sont plus tenus comme un fonctionnaire, un ouvrier de chantier à être au bureau ou au chantier à telle heure et à quitter les lieux de travail à telle autre heure.

Nous connaissons en effet la vie de nos parents ! Tant que le travail n'est pas terminé, le paysan est dans son champ. Pourquoi calculer le temps quand on sait qu'on est à son propre poste de travail, quand on sait qu'il y a des risques de perdre des ressources pour n'avoir pas fait ce qu'on a à faire ?

C'est pourquoi, les fermiers doivent savoir que tout le temps est propice à l'accomplissement de leurs tâches. Chaque fermier doit travailler avec la volonté ferme d'être le meilleur fermier de sa FAPA et que sa FAPA soit la meilleure des FAPA de la Nation. Cette émulation doit être créée et entretenue. C'est dire que la mission confiée à ces jeunes est d'une importance cardinale pour convaincre tout le Peuple de Guinée de la justesse de la ligne définie par le PDG.

De toutes les manières, tout un chacun doit faire montre de fidélité rigoureuse au Peuple, tout un chacun de nous doit se tailler une place respectable non en fonction de son diplôme, de sa religion ou de la couleur de sa peau, mais exclusivement en fonction de son taux d'utilité, de son taux d'efficacité dans la solution des problèmes posés à la Nation. Chacun devra donc être jugé à partir de son rendement effectif Et quand le rendement ne profite qu'à celui qui a travaillé, il y a un intéressement total et direct.

La Révolution c'est la production, nous l'avons dit. Et nous serons compétents en faisant montre de capacité à produire les biens matériels et immatériels nécessaires à notre propre bien-être, plus nous aurons été révolutionnaires. Ainsi, à chacun de nous de se tailler la place qu'il mérite au sein de son PRL, de sa Section, de sa Fédération tout comme au sein du Parti National à travers le rendement qu'il apportera dans la construction d'une Nation forte et prospère.

Ahmed Sékou Touré

TOUTE AIDE QUI RENFORCE LA DEPENDANCE N'EST PAS UNE AIDE

(Extrait d'un entretien du Président Ahmed Sékou Touré avec une délégation de la C.E.E.)

Nous avons conçu le développement comme un moyen d'amélioration des conditions de vie de notre Peuple. Mais, de ce fait, nous savons que les moyens matériels sont nécessaires, puisque nous savons que la vie comporte aussi des exigences matérielles ! Il faut se nourrir, il faut se loger, il faut faire les routes, créer des écoles, bref, tout ce qui est nécessaire à la sauvegarde de la vie. Donc le développement économique est le soubassement de tout développement socio-culturel. Mais l'économie de la Guinée a plusieurs racines. Quelle est, de ces racines, celle qui peut être considérée comme étant à la portée de toutes les masses populaires ? C'est la question à laquelle nous avons répondu sans hésitation en affirmant que cette racine c'est l'agriculture. Dieu merci, nous avons une terre très fertile. Nous sommes même en retard sur la valorisation de ce que nous offre la nature, et nous avons même dit que cela constitue une honte pour le Peuple de Guinée ; que les discours ne servent à rien, tant que nous sommes incapables de satisfaire nos besoins, au moins dans le domaine agro-pastoral, car disposant de terres suffisantes et de surcroît extrêmement fertiles.

Nous pensons que si nous arrivons à organiser, sur des bases solides, les activités agro-pastorales, à nourrir convenablement tout le Peuple, à accroître le volume de nos exportations, c'est certainement là le facteur décisif d'enrichissement sain des citoyens, donc le facteur d'amélioration des conditions de vie de toutes les populations guinéennes.

Nous avons, certes, de très grandes potentialités autres qu'agricoles. Comme vous le savez, la Guinée est un scandale géologique. Tout le monde l'affirme et c'est une réalité confirmée. Par exemple, on parlait jusqu'à une date récente de 10 milliards de tonnes de bauxite, mais les dernières découvertes nous indiquent que nous avons plus des 2/3 des réserves mondiales de bauxite, de très bonne teneur et dans des zones pouvant être avantageusement exploitées. Le pays est riche en fer : aux Monts Nimba et Simandou, on a prospecté près de 40 milliards de tonnes de minerai de fer de très bonne teneur également ! Quant à la réserve d'uranium découverte au cours de l'année 1981, elle est fabuleuse ! Nous avons de l'or en quantité, et cela depuis le 13e siècle. Et c'est la raison pour laquelle d'ailleurs, la capitale des Grands Empires de l'Ouest-Africain s'était toujours trouvée en Guinée, du fait que l'or constituait à l'époque la base de l'économie dans les échanges, non seulement entre l'Afrique au Sud du Sahara et l'Afrique au Nord du Sahara, mais aussi entre l'Afrique et l'Europe. Nous avons beaucoup d'autres métaux précieux. Nous avons également en très grande quantité, diverses pierres précieuses dont d'importants gisements de diamant.

Mais, malgré l'immensité de ces potentialités, nous avons choisi l'agriculture, parce que c'est ce secteur qui peut mettre immédiatement en activité tout homme de Guinée où qu'il se trouve. Et, dans ce domaine, nous pouvons même recourir à des moyens techniques modestes pour améliorer quotidiennement notre niveau de vie, alors que la mise en valeur des potentialités géologiques minières, nécessite le recours à un pays partenaire prêt à financer des actions de valorisation dans telle et telle mesures et à telle et telle conditions. Nous ne rejetons pas ce genre de prêt, mais nous l'envisageons toujours sous l'angle de ne jamais négliger le secteur agro-pastoral, sinon nous risquerions de rester assis, démunis, avant de trouver ce partenaire. C'est pourquoi, notre désir, notre volonté même est de développer en priorité l'agriculture. Que nous arrivions alors et progressivement à valoriser les richesses minières, il se trouvera tout de même que le Peuple aura déjà assuré son auto-suffisance alimentaire et le développement de l'industrie ne sera plus considéré comme l'unique pôle d'attraction des aspirations de tout le Peuple. Ce que l'industrie pourra ainsi rapporter comme revenu, ira dans la caisse de l'Etat et servira à qualifier l'infrastructure du pays dans le cadre de l'amélioration de la vie générale des masses populaires. Mais les populations, quant à elles, continueront leurs activités agricoles, piscicoles, artisanales, etc.

C'est pourquoi, l'actuel Plan Quinquennal que nous venons d'élaborer est essentiellement axé sur le développement de l'agriculture.

Nous le répétons à nouveau, nous voulons développer l'agriculture, la pêche, l'élevage, l'artisanat à l'échelle de tout le Peuple. Ensuite, nous voulons moderniser l'agriculture et, pour cela, il faut des moyens humains nouveaux. Nos grands-parents sont restés agriculteurs, mais avec des méthodes culturales qui ne changent pas. En Guinée, ce sont 70% de la population qui interviennent dans le secteur de l'agriculture. En Afrique, ce sont, en moyenne, 80% des populations actives qui s'occupent de l'agriculture. Cependant, l'Afrique reste encore sous-alimentée, la Guinée le reste encore aussi, et l'une et l'autre sont encore contraintes à l'importation de denrées alimentaires. L'Europe occidentale, avec à peine 15 % de sa population active, produit abondamment de denrées agricoles non seulement pour se suffire, mais encore pour exporter des millions de tonnes. Cela s'explique ; cette distorsion entre l'Afrique et l'Europe a des causes.

Premièrement, il faut former d'abord l'homme producteur qui cultive.

Deuxièmement, il faut qualifier les moyens de production.

Troisièmement, il faut améliorer les conditions de production ou le cadre d'organisation même des producteurs qui doivent recourir à la science. Nous ne pouvons pas faire ce saut qualitatif avec nos vieux parents qui n'ont pas reçu la formation requise. Certes, on peut amener ceux-ci à utiliser quelques méthodes modernes, mais ils ne peuvent pas aller plus loin ; d'où la nécessité de tout repenser par nous, nécessité qui s'est traduite dans la création d'une Faculté Agro-Zootechnique dans chacune de nos 33 Régions administratives. Et toutes les bourses d'enseignement supérieur sont accordées annuellement dans les proportions de 75% pour le seul profil agro-pastoral et de 25% pour toutes les autres Facultés. Ainsi déjà, plus de 10 000 jeunes, qui se trouvent dans les Fermes Agro-Pastorales d'Arrondissement (FAPA), sont des ingénieurs agronomes ou des aides-ingénieurs agronomes ; et chaque année leur effectif va s'accroître de quelque 2 000. Nous voulons qu'à la base, c'est-à-dire dans le village, le jeune, qui a fait l'enseignement supérieur, vienne s'installer et qu'il y pratique l'agriculture aux côtés de son père, aux côtés de ses frères, qu'il serve d'exemple et que par ses conseils, par son action d'organisation autour de lui, qu' il soit d'une véritable utilité dans la qualification du comportement de la paysannerie guinéenne. Mais ces jeunes ne seront pas des fonctionnaires. Ils seront à leur compte. Par exemple, cette année, ceux qui sont sortis vont être constitués en équipes comptant 30, 40, 50, 60 éléments et installés dans différents villages. C'est l'Etat qui leur donne tous les premiers moyens d'investissement, leur propose des structures d'organisation, enfin tous les outils de travail (méthodes, cheptel pour pratiquer l'élevage, équipement, maisons, etc) et l'Etat garantit leurs salaires comme s'ils étaient des fonctionnaires dans des services administratifs. Les indices de salaires auxquels ils auraient droit, s'ils étaient des fonctionnaires de l'Etat, leur seront payés pendant trois ans. Toute la production accumulée est à eux-mêmes, à leurs coopératives. Vous constaterez que c'est là un engagement assez important pour l'Etat. Nous pensons ainsi qu'il est mieux d'aider les jeunes pendant trois années, après les avoir équipés correctement et qu'ensuite, ils volent de leurs propres ailes dans le cadre de leurs propres coopératives, faisant leur propre programme de développement agro-pastoral comme ils l'entendent et le réalisent pour eux-mêmes, que de les laisser perpétuellement fonctionnaires dans les Fermes d'Etat. La Banque Nationale de Développement Agricole (BNDA) sera à leur disposition et si les investissements sont encore nécessaires et que ceux-ci ne soient pas à leur portée, ils rempliront la procédure normale en vue d'obtenir une intervention de la BNDA. Voilà dans ce domaine ce que nous avons envisagé.

Comme nous l'avons dit, la nature nous est très favorable, même quand nous parlons de sécheresse comme les autres, en fait chez nous, cela n'est pas dû au manque d'eau, mais à la non-récupération des eaux de pluie. Il tombe annuellementà Conakry 4 à 5 mètres d'eau et le niveau le plus bas de la pluviométrie est de 1m 85. Or, il y a des pays qui ne reçoivent même pas 50 cm de hauteur d'eau dans l'année et dont, cependant, le niveau de développement agricole est nettement supérieur au nôtre.

Le problème qui se pose aujourd'hui à nous, c'est celui des aménagements hydrauliques pour assurer la maîtrise de l'eau ; et c'est ce problème que nous avons posé à la CEE dans deux exposés sur ce que nous appelons la véritable institution de développement agricole en Guinée : les Fermes Agro Pastorales d'Arrondissement (FAPA). L'aide que l'on reçoit ne doit pas être gaspillée, sinon le donateur, finalement, se découragerait et ce serait une utopie pour le Peuple d'entendre parler d'aide sans conséquence. **Notre formule est que toute aide doit nous aider à nous passer de l'aide, car toute aide qui, finalement, renforce la dépendance, n'est pas une aide.**

Aujourd'hui, l'Europe veut aider et elle nous aide.

L'Union Soviétique veut aider et elle nous aide. Mais qui vous a aidés, vous ? C'est votre génie créateur, votre volonté de travail que vous avez utilisée. Vous avez lutté contre la nature de vos pays jusqu'à dominer la terre, la valoriser. Par conséquent, il y a des nécessités auxquelles les Peuples obéissent. Pour tout Peuple du monde, sans aide, les nécessités vont lui donner la conscience de la nécessité de s'atteler au travail. Certes, son action de développement s'effectuera sur une longue période, alors qu'avec l'aide d'un pays développé, il pourrait franchir rapidement l'étape qui sépare le sous-développement du développement. L'aide que l'on reçoit, dans ce cas, doit être adaptée à la dynamique de l'évolution rapide de l'économie du pays. Nous venons de vous dire que 70% des Guinéens sont des paysans. On ne peut pas changer du jour au lendemain la mentalité de ces paysans. On a beau leur faire des conférences, ce qu'ils n'ont pas pu apprendre, quand ils étaient jeunes, ils peuvent difficilement l'apprendre aujourd'hui.

Parfois, ils applaudissent les mots d'ordre et puis ils retournent à leur routine. C'est pourquoi, il faut prendre des mesures radicales, en œuvrant à la formation d'une jeunesse spécialisée et, donc, apte. Nous, nous avons créé quelque 33 Facultés dans le pays avec des milliers de jeunes que l'on forme dans toutes les techniques, surtout dans les techniques agro-zootechniques. Nous voulons nous reposer sur ces jeunes, pour qu'ils fassent le travail dans un style moderne, et que leurs Fermes servent de foyer de rayonnement de la modernisation agricole dans les villages de leur implantation. Les efforts directement axés sur les paysans, quelque puissants que soient ces efforts, restent sans portée, car le contrôle même de leurs efforts n'est pas possible. Si c'est pour les orienter pour qu'ils soient des hommes ayant une capacité de comprendre ce qu'ils ont à faire, de critiquer ce qu'ils ont déjà fait, de qualifier leur style de travail, de mesurer le progrès qu'ils réalisent, là nous pouvons vous dire que nous sortons de l'obscurité, pour aller à la clarté.

Mais la CEE n'a pas voulu insérer son aide dans les canaux que nous venons de créer : les Fermes Agro-Pastorales d'Arrondissement. Or, pour nous, c'est la base de notre entreprise de transformation qualitative de la vie paysanne en Guinée. Si le paysan américain ou français a tel ou tel rendement, c'est certainement parce qu'il a un niveau intellectuel, technique, technologique approprié et ce paysan est infiniment plus heureux de ses conditions de vie que, peut-être, ses concitoyens qui sont restés des bureaucrates ou en tout cas, et très sûrement, il n'envie pas le sort de ses concitoyens bureaucrates. C'est ce que nous voudrions faire pour qualifier le comportement du Guinéen et c'est pourquoi, nous avons orienté les 75% de nos jeunes accédant à l'enseignement supérieur dans le profil agro-pastoral.

Mais si nous échouons dans cette entreprise, alors c'est la condamnation pour longtemps de la paysannerie guinéenne, car si des cerveaux nouveaux, éduqués, ne s'emparent pas de la vie rurale aux côtés des vieux paysans, il n'y aura pas de grands changements.

LE SYLI FORCE MOTRICE DE L'ECONOMIE

Le Syli, notre Monnaie

A la suite du 1er mars 1960, du 1er mars 1963 et du 2 octobre 1972, le 17 avril 1981 s'inscrit désormais comme une des dates majeures du combat économique que mène, pour son émancipation, le Peuple Révolutionnaire de Guinée.

En effet, le 17 avril 1981 un change monétaire s'est opéré sur toute l'étendue du territoire de la République Populaire Révolutionnaire de Guinée.

Il s'agissait de substituer, aux anciens signes monétaires en circulation depuis 1972, de nouveaux signes.

La monnaie est le sang de l'économie ; sa solidité est, dans tous les pays, gagée sur quatre éléments essentiels :

a) La confiance et le soutien du Peuple,

b) Le taux d'accroissement de la production nationale,

c) L'intensité des échanges,

d) Le rythme de circulation des signes monétaires.

Plus la valeur globale de la production nationale s'élève, plus la monnaie trouve de justification objective à sa rotation.

Plus le taux de croissance du revenu national s'élève par rapport à celui de la consommation, plus la monnaie nationale acquiert un pouvoir libératoire et se fortifie.

Depuis un certain temps, la gestion monétaire rencontre de sérieuses difficultés, la plupart, inhérentes à une inflation galopante généralisée dans le monde, du fait de l'augmentation systématique et constante des prix des marchandises et des articles de consommation, des services et surtout des équipements que vendent aux pays en développement, les quelques pays développés qui font régir, toujours arbitrairement, le commerce extérieur par un système inique, fondé exclusivement sur la primauté de leurs intérêts, sur la non-équivalence de valeurs, système dont les Peuples des pays en développement demeurent les seules victimes.

D'autres difficultés engendrées par des calamités naturelles, telles que inondation et sécheresse qui amenuisent considérablement la production agricole, ou par une politique d'émissions monétaires inconsidérées, affectent dans plusieurs pays, l'équilibre monétaire et la situation économique.

Le recours à la planche à billets n'étant pas autorisé par le Gouvernement guinéen, les collectivités publiques, pour faire face à leurs dépenses courantes, étaient invitées impérativement à recouvrer les recettes budgétaires pour servir de couverture exclusive à leurs dépenses.

Toutes les entreprises publiques et privées avaient été soumises systématiquement au principe d'achat au comptant et de la vente au comptant, le crédit bancaire n'étant autorisé qu'au seul secteur agro-pastoral et ce, en fonction de la rentabilité assurée aux opérations qu'il devra favoriser.

Le secteur public a pu ainsi, en pratiquant une politique d'austérité, se libérer de toutes ses dettes vis-a-vis de la Banque Centrale et arriver à se constituer une réserve financière substantielle ayant permis, au cours de l'année 1980, une augmentation des salaires de l'ordre de 10 à 20 %.

Les effets heureux de toutes les mesures de redressement économique appliquées dans les secteurs économiques et financiers, devraient pouvoir renforcer la valeur des signes monétaires en circulation, si malheureusement les détenteurs du capital privé ne s'étaient livrés à une politique de thésaurisation systématique de leurs avoirs.

La monnaie guinéenne commençait à se faire rare au niveau des caisses bancaires qui demeurent officiellement les seuls lieux de dépôt, pour être dissimulée dans les malles, dans les matelas et dans le plafond des maisons ou enfermée dans des estagnons enfouis sous terre.

Que voilà un signe évident, en tout cas négatif, d'une certaine méfiance des capitalistes privés à l'égard des Institutions bancaires de leur pays !

Autant l'Etat prenait des mesures en vue de la sauvegarde de la monnaie nationale au profit de tous ceux qui en détenaient les signes, autant des fossoyeurs de l'économie s'ingéniaient à créer le déséquilibre monétaire, soit par l'augmentation illicite et inconsidérée des prix des marchandises et articles de consommation qu'ils détiennaient en tant que commerçants, soit par la sortie frauduleuse d'une partie de la production nationale par les frontières, soit par dévaluation monétaire à travers la conversion illicite contre devises étrangères, soit par la thésaurisation.

La réforme monétaire du 17 avril 1981 a permis au Peuple de Guinée de connaître, avec précision, le montant global de la circulation fudiciaire, le niveau d'enrichissement des secteurs économiques et le niveau de l'accumulation monétaire par région administrative et par centre urbain.

Voyons d'abord la Réforme monétaire.

La monnaie est l'expression de la souveraineté d'une Nation. Tout Etat ne disposant pas de sa monnaie propre peut être comparé à un homme infirme. Il peut être également comparé à un homme portant un vêtement emprunté. Et, pour un Peuple, l'absence de monnaie propre signifie une indépendance incomplète. Il n'est pas exagéré de dire que ce Peuple est un passager d'un navire abandonné au gré des vents et sans boussole. Tous les Etats d'Europe, d'Asie, d'Amérique Latine, d'Amérique du Nord, du Moyen-Orient disposent de leur monnaie nationale propre. Seuls les pays coloniaux ou semi-coloniaux ne disposent pas encore de monnaie propre.

L'une des préoccupations de la Révolution guinéenne, dès la proclamation de l'indépendance de notre pays, a été de créer une monnaie nationale, des institutions bancaires propres au jeune Etat. Quand on sait que l'impérialisme a été et reste particulièrement hostile à notre nouvel Etat, cette matérialisation d'un attribut de notre souveraineté nationale par la création de notre monnaie et d'un système bancaire spécifique à notre pays a été interprétée comme étant une provocation. **Mais, pour nous, la décision était fort juste, car une souveraineté mutilée n'en est plus une.**

En effet, la dépendance monétaire aboutit à l'anéantissement de la souveraineté d'un Etat qui cesse alors d'être responsable de sa politique économique et sociale. **Mais il ne suffit pas de créer une monnaie, il faut chaque jour la défendre et la fortifier.**

Tous les jours, l'homme assure la maintenance de tout ce qu'il possède, tout comme il veille à sa propre santé. Il prend tous les soins indispensables à la préservation de sa propre santé.

La santé, la bonne santé du Peuple et de l'homme, exige une alimentation quotidienne suffisante et des conditions d'hygiène à observer tous les jours. C'est l'homme bien portant et en bonne santé qui peut se livrer à toutes sortes d'activités créatrices. De même, pour le bonheur du Peuple et le développement du Peuple, la production de biens matériels et immatériels est indispensable. Tout ce que l'homme produit a une valeur d'utilité pour lui. Autrement, il ne l'aurait pas produit. Et le symbole de toutes les valeurs, c'est la monnaie dans chaque pays. Mais, nous nous empressons de dire que la monnaie n'est pas un symbole en soi ou un signe évoquant tout simplement l'existence d'un Etat. Un pays peut avoir son drapeau, son hymne, mais pour qu'il soit réellement un pays souverain, il faut que les signes de l'indépendance aient un contenu authentique.

C'est dire que **si la monnaie est un symbole, elle devrait traduire la réalité de la production nationale.**

Le travail du paysan, de l'ouvrier ou du fonctionnaire, est évalué sous forme de revenu personnel. Les paysans, artisans, éleveurs et pêcheurs échangent ce qu'ils produisent contre argent. L'argent symbolise ainsi dans chaque Nation la valeur déterminant les autres valeurs.

Chaque chose a deux valeurs : sa valeur propre ou valeur d'usage, et sa valeur marchande. Une maison est une maison. Sa valeur d'usage, c'est d'être une maison. Pour un costume, un bonnet ou une paire de chaussures, sa valeur propre, sa valeur d'usage, c'est d'être un costume, un bonnet ou une paire de chaussures. Mais, quand il s'agit d'échanger ces valeurs entre elles, on est obligé de reconvertir chaque produit, chaque objet en valeur marchande à travers l'argent qui sert de base d'échange entre les hommes. La protection de l'ensemble des biens d'une Nation et le développement continuel de son patrimoine passent nécessairement par la protection, le développement et la consolidation de sa monnaie.

Or, nous avons dit à plusieurs reprises, la monnaie a pour base la production, car le niveau de la production nationale est la première base d'appréciation de la réalité d'une monnaie.

Il y a des pays très développés considérés comme de très grandes puissances, qui continuent à protéger leur monnaie nationale de manière qu'elle n'ait même pas un pouvoir libératoire en dehors de leur propre territoire. Et même ceux qui autorisent des transferts, les soumettent à toute une procédure de contrôle. Celui qui, par exemple, dispose de milliards et de milliards de Dollars aux Etats-Unis, parfois n'est pas autorisé à transférer la moitié de sa fortune. Celui qui est millionnaire en France n'est pas autorisé à sortir librement même 100 000 Francs Français. Il en est de même pour l'Union Soviétique, pour la République Populaire de Chine, pour l'Allemagne Fédérale, bref, pour la plupart des grandes puissances que nous connaissons. Revenez-vous de l'Allemagne Fédérale ou des USA ? Etes-vous français ayant fait fortune dans l'un de ces pays ? Eh bien ! dans votre propre pays, la France, vous ne pouvez faire des dépenses dans le cadre de vos affaires qu'en Francs Français ; vous devez changer dans une banque française vos Deutchs Marks ou vos Dollars.

La monnaie et la Banque d'Emission représentent, dans l'économie d'un pays, ce que le sang et le cœur représentent dans le corps humain.

L'inflation, qu'elle soit provoquée par la pénurie ou l'abondance, nuit à l'économie de la même manière que l'hypertension nuit au corps humain. Il en est de même de la déflation dont les conséquences peuvent être assimilées à l'état de l'hypotension.

Pour maintenir le corps dans un bon état de santé, la circulation du sang doit être maintenue à un état supportable par le cœur. Il en est ainsi de la circulation de la monnaie, des activités de la banque dans l'économie. La mission essentielle de la banque est de faire du commerce, le commerce de l'argent. Si elle ne remplit pas correctement cette tâche, on porte atteinte à la monnaie.

Dans ces conditions, nous devons encourager les citoyens, surtout les gros possédants, à ouvrir et approvisionner des comptes en banque. Dans tous les pays du monde, la pratique courante consiste à inciter, par des facilités de caisse, les déposants à approvisionner substantiellement leurs comptes de dépôts.

La protection, la sauvegarde de la santé de la monnaie exigent que l'on ne recourre qu'aux émissions économiquement justifiées et non à « la planche à billets. » Pour ce faire, il est indispensable que la masse monétaire injectée dans le circuit connaisse une rotation parfaite, que les biens de consommation circulent rapidement et que les billets émis reviennent aux caisses des banques de dépôts sans être inutilement thésaurisés.

La pratique du crédit bancaire doit jouer le rôle d'incitation à la production. La production, soutien essentiel de la monnaie, doit être encouragée sous toutes les formes et en divers domaines : agriculture, élevage, pêche, industrie, et de façon plus générale, toutes les activités productives. L'habitat, également, est à développer.

En matière de crédit, l'intervention de la banque sur ses ressources propres, se limiterait au crédit à court terme, ce qui éviterait l'aliénation trop longue des avoirs des déposants et épargnants.

L'Etat interviendrait dans le long terme sur les ressources d'accumulation telles que les ressources du Plan, des Assurances et autres caisses productives de liquidités et de réserves.

En développant la production, on aboutit à une meilleure protection de la monnaie. Il y a donc nécessité de se pencher sur ce sujet, et de mettre sur pieds une réglementation nouvelle qu'exige la nouvelle situation, compte tenu des objectifs que notre pays s'est fixés.

Nous retenons donc l'exigence universelle de la protection de la monnaie au niveau de chaque Nation. Nous ne pouvons pas échapper à cette loi de l'économie. Ainsi notre pays, tout comme les autres pays du monde, doit assumer la responsabilité de sauvegarder la valeur de sa monnaie, et mieux, d'œuvrer à son renforcement. D'aucuns pourraient dire : « mais, pendant la période coloniale, les billets CFA pouvaient être utilisés dans toute l'Afrique Française ». Cela est vrai. Mais CFA était l'abréviation de : « Colonies Françaises d'Afrique ». Aussi, à l'époque, nous ne pouvons pas trouver dans les colonies françaises des compagnies américaines, yougoslaves, soviétiques, allemandes, etc. Il n'y avait que le capital colonial français qui drainait régulièrement les sommes d'argent vers les banques françaises. C'est tout comme si la liberté de circuler était accordée à des poulets dans une grande cour clôturée. Nos produits pouvaient aller jusqu'à Paris, Marseille, Bordeaux, mais ils ne pouvaient, à l'époque coloniale, franchir la frontière avec la Sierra-Leone, avec la Guinée Portugaise ou avec le Libéria. Indépendant, notre pays était amené à signer des accords d'échanges commerciaux avec tous les pays amis. Dans ces accords, nous promettions à ces pays amis la livraison de marchandises ou de produits en échange de leurs biens d'équipement. Si nous renonçons à ces échanges, eh bien ! nous ne pourrons jamais avoir régulièrement, officiellement, ce qui nous est nécessaire et que nous ne produisons pas encore. Tout comme nous ne pourrons pas vendre officiellement, régulièrement ce que nous produisons et dont les autres Peuples ont besoin.

Donc, la monnaie, dans chaque pays, fait l'objet d'une gestion contrôlée. Si, aujourd'hui, nous faisons l'inventaire de tous les produits marchands disponibles en Guinée pour déterminer la valeur globale exacte du stock de produits et de marchandises, de biens d'équipement qui pourraient faire l'objet d'échanges tant au sein de la société guinéenne qu'entre la Guinée, en tant que Nation, et d'autres Nations, si nous calculons dans les limites de cette valeur exacte, nous pourrions valablement émettre de la monnaie proportionnellement à cette valeur réelle. Par contre, si nous cessons de travailler, parce que nous avons les billets et les marchandises, et que nous consommions chaque jour ces marchandises et produits, au bout d'un certain temps, il n'y aura ni produits, ni marchandises et les billets de banque que nous détenons resteront entre nos mains, sans aucune valeur. A quoi servirait-il alors d'avoir du papier pour un montant d'un milliard de Sylis en simple numéraire, alors qu'on ne pourrait plus trouver un kilo de riz, de sucre, ou un mètre de percale pour satisfaire ses besoins ? Ce n'est certes pas avec du papier qu'on peut s'habiller ou faire des maisons ! Il faut, bien sûr, des marchandises. Par exemple, au moment où nous avons fait l'inventaire des marchandises, des articles ou des objets d'échange pour faire correspondre la valeur globale de la monnaie à émettre à la valeur globale des biens d'échange, si notre travail de production s'accroît, le volume de la production s'accroît, la monnaie ainsi émise acquiert sans doute de la valeur.

Ainsi, la sauvegarde et le développement de la valeur d'une monnaie reposent sur la production et l'augmentation constante de cette production.

Et c'est pourquoi, tout paysan, qui arrête son travail de production, porte atteinte à la valeur de la monnaie nationale.

Tout paysan, qui travaille moins que l'année précédente, a diminué la valeur de la monnaie nationale.

Tout homme, qui entretient bien les moyens en sa possession (vêtements, maisons, meubles, outils de travail, etc) défend bien la monnaie. Mais chaque fois qu'il détruit un bien utile, il réduit d'autant la valeur de la monnaie nationale.

Chaque fois que par accident, un mauvais chauffeur détruit un véhicule, chaque fois que le feu de brousse détruit des plantations et des champs, chaque fois qu'un moyen utile à la société est détruit, c'est autant de fois que la monnaie nationale est affectée, c'est-à-dire diminuée de sa valeur. Le travailleur qui ne va pas à son atelier, à son chantier, à son bureau, à son hôpital, à son école et qui passe la journée sans travailler ou qui se met à bavarder et qui, cependant, tend la main à la fin du moins pour percevoir son salaire, a diminué la valeur de la monnaie nationale.

Chaque fois qu'un Peuple consomme plus, au cours d'une année, qu'il n'a produit, sa monnaie s'en trouve diminuée en valeur.

Comme nous le voyons, pour sauvegarder la valeur d'une monnaie, pour la renforcer constamment, il y a nécessité permanente pour l'homme et pour le Peuple de travailler, de produire toujours davantage, de conserver ce qui est produit pour que chaque année, par le jeu de l'accumulation, le patrimoine national s'accroisse en valeur.

La première valeur d'une monnaie, c'est la confiance que le Peuple place en elle ; sa deuxième valeur, c'est la capacité de production du Peuple qui en est propriétaire. Or, pour que la cadence de la production s'accélère, il faut nécessairement intensifier les échanges au sein de la société, pour que tout ce qui est produit soit consommé, ce qui n'est possible qu'au moyen de l'argent servant d'intermédiaire.

Aussi, les échanges exigent des routes, des rails, des ports, des aérodromes et les moyens de déplacement, les véhicules.

Les échanges sont également subordonnés à un autre facteur qui influe sur eux, c'est le facteur prix. Selon la politique des prix en cours dans un pays, les échanges peuvent être intenses ou réduits. Si les échanges sont intenses, ils fouettent l'action de production. S'ils sont réduits, le producteur ne saura plus où placer ce qu'il produit, et, finalement, diminuera le volume de sa production.

C'est pourquoi, une juste politique de prix, qui rémunère les efforts de production et qui encourage le consommateur, est nécessaire pour le progrès économique de chaque pays. Mais tout cela ne suffit pas non plus pour la bonne santé monétaire dans un pays. Il faut surtout que l'Etat ait une politique monétaire juste et cohérente.

Nous venons de procéder au change des anciens billets de banque contre des nouveaux. Si, demain, le Gouvernement se permettait de sortir continuellement du caveau des millions et des millions de Sylis, et ainsi doubler, tripler ou quadrupler le volume de la circulation fiduciaire, cette action correspondrait à une politique inflationniste qui multiplierait par deux, par trois, quatre ou cinq, tous les prix pratiqués dans le pays et réduirait ainsi le pouvoir d'achat des travailleurs, tout comme la valeur des billets détenus par les différents citoyens du pays.

Il ne peut guère manquer d'argent à un gouvernement se livrant à un tel acte d'irresponsabilité. Car, après tout, l'argent n'est que du papier, et imprimer un billet, est chose bien facile. Un gouvernement peut en imprimer des milliards et les utiliser dans le cadre de sa politique, mais cette politique se ferait au détriment de la monnaie nationale. Ce serait là, bien sûr, un gouvernement irresponsable conduisant l'économie de la Nation à la ruine. Un gouvernement qui veut pratiquer une politique responsable et digne de son Peuple ne peut sciemment provoquer l'inflation ; bien au contraire, il doit lutter constamment contre l'inflation, en vue de la consolidation de la monnaie nationale.

C'est pourquoi, les mesures édictées par le gouvernement en vue de la sauvegarde de la monnaie intéressent tout le Peuple et doivent être respectées par tout le Peuple. Celui qui vend des fûts d'essence ne peut se permettre de frotter une allumette à côté des récipients. Celui qui vend du lait frais ne peut se permettre de laisser sa calebasse de lait sous la pluie. Cependant, il y a des gens qui le font, car il y a des fous qui ne savent pas qu'ils sont fous. C'est tout comme les riches qui sont parmi nous. Ils croient nuire au régime, alors que le régime est à leur service pour que les billets qu'ils détiennent conservent constamment leur valeur. Si la monnaie a de la valeur, tant mieux pour celui qui en a beaucoup, et si la monnaie perd sa valeur et ne signifie plus rien, le riche, qui doit y perdre tout, sera l'égal du pauvre.

Comment les frères riches acceptent naïvement de ruiner leur avenir ? Ils commettent trois crimes :

1. — **Ils n'ont pas confiance en leur monnaie** qui consacre pourtant l'indépendance de leur pays. Donc, ils ne croient pas à l'avenir de leur Nation. Ils donnent le dos au devenir heureux de leur Peuple. Ils sont fiers de présenter les billets d'autres pays, tandis qu'ils manquent de confiance en leur propre monnaie. Mais ils ne savent pas que les monnaies étrangères dont ils sont si fiers appartiennent à d'autres Peuples qui les ont défendues dans le temps par une politique conséquente de production intense et de prix juste.

Un homme qui ne se respecte pas, peut-il être respecté par les autres ? Un homme qui insulte son Peuple, qui dénigre son père et sa mère, peut-il bénéficier du respect des autres ? Voilà le premier crime que nos riches commettent : le manque de confiance en leur propre monnaie, en la monnaie de leur pays.

2. — Le deuxième crime ? **Ils faussent la politique des prix dans le pays.** Ce qui est un crime économique d'une particulière gravité.

3. — Le troisième crime ? **Ils sortent frauduleusement les biens utiles à leur Peuple pour aller satisfaire les besoins d'affairistes étrangers.** Un tel acte constitue une atteinte pure et simple à la souveraineté extérieure de l'Etat, donc une trahison.

On trouve du diamant ici en Guinée. Les exploitants, au lieu de le déclarer pour que cela profite à la monnaie nationale, vont le vendre ailleurs et fortifier ainsi les monnaies étrangères. La politique dynamique de la Révolution guinéenne est bien connue. L'année dernière, le Fonds Monétaire International (FMI), qui suit la gestion monétaire dans chaque pays du monde et apprécie chaque année les bilans des banques nationales, a rendu hommage au Peuple de Guinée, au gouvernement guinéen, à l'Etat guinéen pour l'œuvre de redressement constant de la politique monétaire et le fonctionnement cohérent des institutions bancaires guinéennes.

Sur le plan international, nous sommes considérés comme un Etat sérieux. Maints pays ont bien leur monnaie, mais la gestion de celle-ci a abouti à un fiasco, alors que la Guinée, chaque année, consolide davantage sa monnaie nationale.

D'aucuns ont dévalué leur monnaie de 10 %, 20 %, 50 %, etc. Donc en matière de politique monétaire, le gouvernement guinéen s'est conformé aux lois intangibles de l'économie, et c'est ce qui a permis à la Guinée de prendre des initiatives dynamiques à l'endroit des Etats africains.

Au cours de nombreuses conférences africaines, nous défendons toujours la thèse de la création d'une seule monnaie en Afrique. Tout le monde le sait. Et nous avons fait des propositions objectives et valables, grâce auxquelles cette monnaie peut voir le jour sans porter la moindre atteinte à la souveraineté financière et économique des différents Etats africains.

Aussi, dans le cadre plus restreint de la Communauté Economique des Etats de l'Afrique de l'Ouest (CEDEAO), nous avons déjà proposé que, le plus tôt possible, une monnaie CEDEAO soit créée. La CEDEAO, comme on le sait, regroupe les 16 Etats de la sous-région allant du Sénégal jusqu'au Nigéria. Tout comme, la Guinée appartenant à l'Autorité du Bassin du Niger, nous avons proposé de créer une monnaie pour cette Communauté d'Etats organisés autour du Fleuve Niger.

Nous appartenons également à l'Union du Fleuve Mano, une autre communauté organisée avec deux pays voisins frères, la Sierra-Leone et le Libéria, autour de la Rivière Mano.

Nous avons dit que nos trois pays peuvent se doter, immédiatement, d'une même monnaie pour faciliter les échanges entre eux.

Tous les pays, voisins ou non, connaissent la politique de la Guinée. Nous affirmons que si nos voisins sont disposés demain à avoir avec nous la même monnaie, nous, nous proposerons même que cela soit pour aujourd'hui. Ils savent bien que nous sommes prêts. Bien sûr, cette décision ne sera ratifiée et appliquée que lorsqu'en notre âme et conscience, nous-mêmes, nous serons convaincus que notre monnaie est devenue solide, que nos prix sont compétitifs, et alors, nous ouvrirons les frontières parce que nous aurons eu la certitude que l'échange ne se fera pas à nos dépens. Car, si nos prix sont le double, le triple des prix pratiqués dans les autres pays pour les mêmes marchandises et les mêmes produits, nous pourrons acheter, quant à nous, chez eux, alors qu'eux ne pourront pas acheter chez nous. Ainsi nous serons endettés par rapport à tous les pays voisins, or c'est bien ce qu'il faut éviter si nous voulons mener une politique de prix raisonnable.

Il y a un an, le Secrétaire Général du PDG était convaincu que la prochaine Réforme monétaire permettrait à la Révolution guinéenne de rendre la monnaie guinéenne convertible. Personnellement, nous en étions convaincu. Nous avons lancé à l'époque, au nom de la Révolution, un appel aux détenteurs de fortunes pour qu'ils fassent confiance à leur régime et versent leurs fonds à la banque. L'ont-ils fait ? Non ! Donc, ils se sont ruinés eux-mêmes ! Ils nuisent à leur propre intérêt, ces commerçants égarés.

Notre intérêt à tous, c'est de libérer le champ de circulation de la monnaie guinéenne. C'est de permettre aux commerçants d'aller où ils veulent dans le monde, et d'acheter ce qu'ils veulent avec nos billets. Mais encore faut-il que nous soyons à même de garantir le paiement ou le rachat en devises des montants de monnaie guinéenne détenue dans les autres pays et dans d'autres banques. Bien sûr, que cela suppose une certaine discipline économique. Mais s'ils ne veulent pas de cette discipline économique, ils resteront toujours limités et ils ne pourront pas agir comme leur intérêt capitaliste l'exige, à savoir, aller dans tous les pays du monde, vendre ce qu'ils veulent et acheter ce qu'ils veulent en utilisant la monnaie guinéenne rendue convertible. Il faut que les commerçants guinéens étudient eux-mêmes le problème de la monnaie et adoptent une attitude positive qui renforce la monnaie nationale et libère leurs activités dans le monde. C'est dans leur intérêt.

Des ressortissants guinéens détiennent dans les banques étrangères des milliards et des milliards de francs. Au même moment tous les ressortissants américains virent leurs fonds chez eux dans leurs banques, tandis que les Français qui étaient ici ou qui sont encore ici transfèrent leurs fonds chez eux. Les Soviétiques, qui sont ici ou ailleurs, transfèrent toute leur fortune chez eux. Le patriotisme, c'est l'amour de son pays, de son Peuple, alors que les commerçants guinéens ne font que tranférer à l'extérieur leur fortune. De temps en temps, ils se font expulser de certains pays avec comme conséquence, la perte de tous leurs avoirs. Ils ouvrent des comptes secrets dans des banques étrangères, et quand ils meurent, c'est terminé, leur fortune revient à ces pays-là. Ils ont le titre de propriétaires de villas, de domaines ou ils ont des comptes en banque, mais ils ne jouissent, eux-mêmes, de rien de tout cela ! Personne ne peut tromper son Peuple et être heureux dans la vie, retenez cela !

Nous n'avons pas manqué de nous adresser au Peuple dans les années 1970 en disant que les commerçants avaient, eux-aussi, des familles à nourrir et qu'il fallait leur laisser un certain champ d'activités pour vivre décemment. Malheureusement, les travailleurs, qui constituent la base sociale de notre régime, furent si exaspérés par le comportement des commerçants que l'Etat a été obligé de supprimer le commerce intérieur privé. Après, nous avons dit : « nous allons leur faire à nouveau confiance, puisqu'ils ont compris la capacité du Peuple de faire lui-même le commerce. Nous allons maintenant les réhabiliter avec la condition qu'ils se mettent au service de la Nation ». Ainsi, nous leur avons fait confiance à l'issue d'une Conférence tenue avec eux. Et ils ont pris des engagements solennels.

Nous avions fermé pendant dix ans les mines de diamant et nous venons de les ouvrir à nouveau à leur avantage. Tout cela est un témoignage de la confiance que nous plaçons en nos frères commerçants. En leur demandant de déposer leur fortune à la banque, quels sont les avantages ? D'abord pour le Peuple : les billets se retrouveront dans les caisses de la banque. Un pauvre veut-il faire une plantation ? Il fait son devis, et s'adresse à la banque pour avoir un prêt. Puis il réalise sa plantation dans l'intérêt du pays. Un autre veut-il faire le transport ou créer un atelier de couture ou de menuiserie ? Un troisième veut-il faire une maison ? Tous ceux qui voudraient travailler s'adressent alors à la banque comme auparavant et obtiennent des banques les prêts nécessaires à la matérialisation de leur activité productive. Ils font fructifier l'argent que la banque leur prête et remboursent progressivement les prêts pour devenir propriétaires d'une maison, d'un atelier, d'une plantation, etc... Il en découlera des avantages collectifs. On permet ainsi à l'argent de circuler, de développer l'économie par les initiatives dynamiques de chacun et de tous. Et les commerçants eux-mêmes, les riches eux-mêmes ont des avantages indéniables : c'est la sécurité pour leurs avoirs. Ainsi, personne ne peut venir voler toutes leurs fortunes. L'incendie ne peut pas détruire leurs avoirs. Mieux, même si la banque prend feu et que tous les avoirs soient brûlés, l'Etat connaissant la valeur de ce qui est perdu dans le sinistre, peut émettre un montant de billets correspondant à la valeur des billets brûlés. Seul un Etat peut et a le droit de le faire pour satisfaire les déposants dans le cadre de l'exercice de sa souveraineté. Donc, le déposant a la garantie que lui offre l'Etat que la somme déposée lui sera remboursée à tout moment s'il en manifeste le désir. Si les avoirs sont déposés en banque, la circulation fiduciaire équilibrée permettra d'ouvrir les frontières et de rendre convertible la monnaie guinéenne.

Comme on le sait, le Dollar qui est une monnaie de référence internationale, pendant les trois dernières années, a subi beaucoup de fluctuations. Le Franc Français a connu à un moment donné beaucoup de fluctuations. Il en est de même de la Livre Sterling et du Deutch Mark. Un gouvernement a toujours la possibilité de dévaluer la monnaie nationale. Si le 17 avril dernier, nous avions pris un décret pour notifier au Peuple qu'à partir de cette date-là la monnaie nationale perdrait 50 % de sa valeur, personne n'aurait rien pu contre cette mesure. Si cette décision était annoncée, chacun aurait perdu 50 % de la valeur de la monnaie. Nous ne voulons pas répondre à la méfiance par la méfiance. Nous ferons, quant à nous, toujours confiance au commerçant guinéen. S'il est taré aujourd'hui, nous voulons lui donner des qualités et il sera obligé d'acquérir ces qualités pour se sauver, pour sauver sa famille et aider son Peuple. C'est pourquoi, nous ne nous lasserons pas. Nous continuerons à prendre des mesures en faveur des commerçants. Nous leur demandons de ne pas nous aider, mais de s'aider eux-mêmes en aidant leur Peuple, A l'occasion d'élections, nous disons qu'aucun commerçant ne vote pour nous, qu'aucun riche ne vote pour nous, c'est leur problème, mais, de grâce, qu'ils respectent les lois édictées par le Peuple de Guinée.

Le jour du change, celui qui avait des millions par-devers lui avait vainement cherché à répartir sa fortune. Il a donné ici 10 000 Sylis, là 5 000 Sylis comme commissions. Finalement il a perdu une somme colossale qu'il aurait dû déposer à la banque sans perdre un seul Syli. Qu'est-ce qu'ils avaient dans la tête ces gens-là ? La méfiance vis-à-vis de leur gouvernement ! Ils se disaient : « si nous déposons 2, 3 millions, ils vont les saisir ». Que direz-vous d'un homme qui a peur de son ombre ? Quand il voit son ombre, il court, il court sans arrêt, mais il verra toujours cette ombre. Donnez-leur les conseils qu'il faut. Le commerçant a besoin du Peuple qui produit et qui consomme. Le Peuple, en tant que producteur, a besoin du commerçant honnête. Le Peuple, en tant que consommateur, a besoin aussi du commerçant honnête. Il faut que les commerçants prennent en considération notre Peuple et l'aident à évoluer, comme les autres Peuples, vers un plus grand bonheur.

Si les commerçants restent dans leur égarement, s'ils continuent à observer la méfiance ou une attitude d'hostilité à l'égard de leur pays, nous n'hésiterons pas à procéder à une dévaluation qui leur fera mordre le doigt. Même s'il faut changer chaque mois les billets de banque, nous le ferons, car c'est facile d'imprimer des billets. C'est pourquoi, nous faisons appel encore à eux pour qu'ils se comportent en citoyens guinéens, en patriotes, en hommes aimant le Peuple et respectant leur religion. C'est un appel à tous les commerçants, à tous les riches guinéens afin qu'ils soient au service de leur Peuple.

A la lumière des données statistiques portées à sa connaissance, la Direction Nationale de la Révolution Populaire guinéenne a analysé la situation économique et financière du pays et envisagé d'importantes mesures pour enrayer les méthodes déloyales par lesquelles les fossoyeurs de l'économie agissent négativement sur l'équilibre monétaire du pays et ruinent les efforts de l'Etat qui assume, au nom et dans l'intérêt du Peuple guinéen, la gestion de la monnaie nationale.

Le Parti-Etat, fidèle incarnation des nobles aspirations de justice et de progrès des masses laborieuses du pays et défenseur intransigeant du pouvoir d'achat du Peuple travailleur a pris des mesures nouvelles, toutes les mesures qu'impose le renforcement constant de la monnaie nationale.

Que les populations des Pouvoirs Révolutionnaires Locaux, les militants des Organisations Syndicales, de l'Union Révolutionnaire des Femmes de Guinée et de la Jeunesse de la Révolution Démocratique Africaine, les Militants en Uniforme, bref que les militants se réclamant de la Révolution populaire resserrent leurs rangs, observent rigoureusement la vigilance et fassent appliquer avec la fermeté révolutionnaire requise toutes les mesures arrêtées par le Parti-Etat guinéen pour le triomphe du combat émancipateur de notre Peuple sur le front de l'économie.

Ahmed Sékou Touré

ANNEXE

QUELQUES GRANDS PROJETS ECONOMIQUES

QUELQUES GRANDS PROJETS ECONOMIQUES

Les potentialités hydro-énergétiques de la Guinée sont immenses. Elles sont de 63 milliards de kilowatts répartis principalement sur deux fleuves : le Konkouré et le Bafing sur le cours desquels il existe d'importants Projetsd'édification de centrales hydro-électriques :

Sur le Kounkouré nous avons :

Amaria avec un lac de retenue de 16 milliards de m^3 d'eau et une Centrale de 400 000 kilowatts ;

Souapiti avec une retenue de 11 milliards de m^3 et une Centrale de 380 000 kilowatts.

Sur le Bafing, il existe un Projet entièrement étudié d'un barrage à **Koukoutamba** avec une Centrale de 300 000 kilowatts et une retenue de 3,3 milliards de m^3.

Il existe d'autres Projets de barrages à **Kamarato** (17 000 kilowatts) sur le Niandan, etc...

Quatre Centrales hydro-électriques sont actuellement en exploitation pour fournir essentiellement du courant électrique à la Région de Conakry :

— Centrale de Grandes Chutes (20 000 kilowatts) et Donkéa (15 000 kilowatts).

Il existe aussi les Centrales de 3 200 kilowatts à **Kinkon** pour Labé, Pita, Dalaba et Mamou et de 1 500 kilowatts à Dabola sur le **Tinkisso** pour Dabola, Faranah et Dinguiraye.

En application des directives du XIe Congrès et dans le cadre de l'offensive mettant l'accent sur l'intensification de la coopération, le Gouvernement guinéen a fait appel à de nouveaux partenaires pour la réalisation rapide des projets intégrés :

Ayé-Koyé (Bauxite et Alumine), Konkouré et Usine d'Aluminium.

A ce jour, non seulement on a la certitude de réaliser le barrage Hydro-Electrique de Souapiti sur le Konkouré et de produire ainsi de l'énergie à un prix très compétitif, mais on a pu également enregistrer des demandes de participation sérieuses pour la réalisation de l'Usine d'Alluminium de 155 000 tonnes. et de l'Usine d'Alumine de 1 000 000 t. avec 5 000 000 t. supplémentaires de bauxite à exporter sur la base de Sociétés Mixtes assurant comme par le passé une participation de 50 % du Gouvernement Guinéen et utilisant une bonne partie de l'énergie du Konkouré fournie par la Centrale Hydro-Electrique de Souapiti qui sera la propriété de l'Etat Guinéen.

La Banque Mondiale, les pays Arabes et plusieurs autres institutions financières (Banques de Développement et Banques Commerciales), du fait de l'existence effective de partenaires consommateurs à côté du Gouvernement, ont désormais la possibilité d'intervenir avec toute la garantie requise dans le financement des nouveaux projets d'exploitation de bauxite, de production d'alumine et d'aluminium.

D'autre part en tenant compte du projet Dabola, 55 000 t d'Aluminium en lingots, 2 000 000 t. d'Alumine et 10 000 000 t. de bauxite pourront ainsi être exportés dans cinq à sept ans. Ce qui représente aujourd'hui plus de 900 millions de dollars.

D'après les études déjà effectuées, l'énergie produite par le barrage de Souapiti reviendra à 1 cent le KW/H, c'est-à-dire à 20 cauris contre 2 Sylis, taux actuel facturé par la S.N.E. (Société Nationale d'Electricité).

IL sera également possible, grâce au Konkouré, d'irriger de vastes superficies à vocation agro-pastorales et de pratiquer la pisciculture à grande échelle.

S'agissant des recherches d'uranium, nous devons nous réjouir du démarrage très prometteur d'un premier programme de sondage de 12 000 à 18 000 m effectué tout récemment dans la région Nord-Est du Pays par une société groupant : la Cogema (Compagnie Générale des Matières Atomiques de France), le PNC (Japon de l'AGIP (Italie). Les indices uranifè res mesurés jusqu'à ce jour permettent d'ores et déjà d'escompter un minerai d'une teneur deux fois plus élevée que celui exploité ailleurs en Afrique.

D'autres pays industrialisés sont en rapport avec la Guinée pour la constitution de nouveaux groupes mixtes de recherche d'uranium dans la partie Sud-Est du pays.

L'année 1980 a été décisive pour la reprise à l'échelle industrielle de l'exploitation du diamant et de l'or. Deux protocoles ont été signés au cours de l'année 1979 avec des partenaires anglais, français, américains et suisses qui sont sur le terrain, et d'autres groupes s'apprêtent eux aussi à commencer la prospection en vue de l'établissement d'un rapport de factibilité permettant l'exploitation industrielle avec les moyens les plus puissants.

Les réserves sont estimées à un minimum de 200 millions de carats dont deux tiers de pierres de joaillerie et un tiers de diamant industriel.

Avec le Diamant, l'uranium et le pétrole sans compter la bauxite et le minerai de fer à haute teneur, notre politique monétaire connaîtra une nouvelle phase de qualification dont les effets accélérateurs sur le progrès économique seront déterminants.

La Guinée recèle de centaines de millions de mètres cubes de granit noir tant à Conakry (Kakoulima) que dans la quasi-totalité de nos régions de l'intérieur. Il convient donc de mentionner parmi les chances économiques exceptionnelles de la Guinée, la présence de ce minerai dont le marché mondial accuse une nette tendance à la hausse.

Tout récemment, le mètre cube de granit noir, qualité Afrique, est passé de 400 à 500 $, soit une augmentation de 25 % en un an. Le Gouvernement Guinéen vient de signer avec la firme italienne SOFIC, un contrat assorti d'un financement de 5 millions de dollors pour la mise en place des moyens d'extraction, de sciage et de polissage du granit noir de Kakoulima-Kouria, pour une exportation annuelle d'une valeur de 15 à 20 millions de dollars.

La qualité du granit noir de Guinée permet d'envisager un accroissement rapide de nos exportations dans les années à venir.

Quant au grand projet Mifergui- Nimba, la Banque Mondiale est vivement intéressée au financement de ce grand projet regroupant la Guinée, l'Algérie, le Libéria, la Libye et le Nigéria à côté de sociétés sidérurgiques européennes, américaines et japonaises.

D'après l'étude de Kaiser Enginer, ce projet et le plus rentable à l'heure actuelle parmi tous les projets d'exploitation de fer connus de par le monde.

Ce projet sera lancé en même temps que le projet d'infrastructure nationale du Transguinéen confié à nos partenaires canadiens de DYNAME et de SOGRAMCAN par une Convention de financement et de réalisation par étapes.

LE TRANSGUINEEN ET LE PORT EN EAU PROFONDE DE CONAKRY

Le système du Transguinéen comprend un chemin de fer de 1 000 km de long, de 25 km de tunnuels reliant les gisements de fer de Nimba et Simandou à un port en eau profonde qui sera contruit à la pointe sud de l'Ile de Kassa, avec un embranchement à la future exploitation de bauxite de Dabola.
Le Chemin de fer traversera 15 régions administratives.

La capacité finale sera de 60 millions de tonnes par an dont 50 millions de tonnes de minerai.

Le port pourra recevoir des bateaux de 150 à 200 000 tonnes de port en lourd.

Les études du projet technique ont été effectuées par le NIPPON KOEI de 1970 à 1973, et les investissements ont été évalués à 1,5 milliard de dollars. Le projet emploiera 60 000 personnes durant la phase construction.

Le financement et la réalisation seront assurés par la Société canadienne SOGRAMCAN dans le cadre de la Convention signée avec le Gouvernement guinéen en 1974.

La rentabilité du projet a été établie dans une étude de factibilité effectuée par la DYNAME de Montréal sur financement de l'Agence Canadienne pour le Développement International (ACDI).

Selon cette étude, le taux interne de rentabilité du projet dépasse 14 % dans l'hypothèse où le Transguinéen transporte le minerai de fer et la bauxite. Les apports nets en devises à la banque durant le travaux d'implantation atteindront 390 millions de dollars et au total 1 milliard 360 millions de dollars durant la période d'exploitation.

Le Transguinéen prévoit un nouveau port commercial comptant quatre postes à quai susceptibles d'être agrandis à volonté et bénéficiant de tous les services indispensables.

Une digue-chaussée longue de 10 km reliera le nouveau port de commerce situé sur la face Est de l'Ile de Kassa à la terre ferme. Elle supportera une route bitumée et le chemin de fer. Le prolongement de l'épi jusqu'à la digue-chaussée permettra de récupérer une superficie égale à celle de l'Ile Tumbo, contribuant ainsi à résoudre le problème d'urbanisme et de circulation de la vile de Conakry.

Le nouveau port minéralier situé en eau profonde (24 m) pourra recevoir des bateaux jaugeant jusqu'à 250 000 tonnes ; il sera relié à l'aire de stockage par une jetée de 3 km à partir de la pointe Sud de l'Ile de Kassa.

Le lancement des travaux du Transguinéen ouvrira une nouvelle ère d'optimisme fondé.

La capacité du Transguinéen (50 millions de T. par an) permet d'envisager non seulement l'exploitation des immenses gisements du Simandou, mais aussi d'entreprendre à l'échelle de toute la nation un vaste programme agro-industriel,pastoral et forestier.

Ainsi, les études déjà réalisées dans le domaine agro-industriel et d'élévage par la Société Sofinco-Vanlancker portent sur ;

— 30 000 ha d'hévéa à réaliser dans la région de N'Zérékoré ;

— 20 000 ha de cacao dans la zone Gueckédou - Macenta ;

— 10 000 ha de cocotiers dans la région de Forécariah ;

— 10 000 ha de palmier à huile dans la région de Macenta ;

— 5000 ha de canne à sucre dans la région de Boké ;

— Un ranch de 30 000 bovins dans la zone de Kankan - Beyla ;

— une ferme semencière de 1 500 ha dans la zone de Kouroussa - Siguiri.

Notons que ce programme, une fois réalisé, permettra de créer 21 500 emplois permanents dans les zones rurales concernées.

Parallèlement, il a été signé en 1979 une Convention de Société Mixte avec la Société Western Céréals portant sur un programe initial de 150 000 ha de soja et 30 000 ha de riz ; cette Convention attribue au Gouvernement Guinéen 80 % des actions et 86 n des bénéfices nets.

Pour un investissement total de 250 millions de dollars, les recettes annuelles brutes prévues pour 300 000 tonnes d'huile de soja et 150 000 tonnes de riz sont estimées à plus de 340 millions de dollars.

En ce qui concerne les Grands Projets, on peut dire que les portes ouvertes par le XIe Congrès, garantissent l'avenir économique du pays, dont la réalisation concrète ne dépendra que du travail et de l'engagement sans réserve des cadres à défendre l'unité populaire, l'intégrité territoriale et les acquis du Peuple et ce, pour une Afrique unie, libre et digne.

PROGRAMME DE DEVELOPPEMENT INTEGRE DE LA BAUXITE

Dans le cadre de la mise en valeur des ressources minières de la Guinée, les priorités dégagées par la 8e Conférence Economique Nationale et confirmées par la 42e Session du CNR tenue à Conakry du 21 au 25 mai 1979, font ressortir la nécessité d'envisager une politique d'intégration globale de l'industrie de la bauxite.

Ainsi, la priorité sera donnée à la réalisation du projet du barrage de Konkouré et d'une centrale hydro-électrique de 650MW en vue de l'alimentation d'une usine d'aluminium de 150 000 tonnes an en première phase.

Compte tenu du potentiel minier de la Guinée, qui recèle plus des 2/3 des réserves mondiales de bauxite, cette politique s'insère parfaitement dans les perspectives de développement de l'industrie mondiale de l'aluminium.

Pour une politique judicieuse, harmonieuse et équilibrée de mise en valeur des gisements de bauxite, il convient :

1 — d'accorder progressivement la priorité à l'aluminium par rapport à l'alumine et à la bauxite, et à l'alumine par rapport à la bauxite dont l'exportation doit disparaître à terme.

La production nationale d'aluminium sera fonction des disponibilités en énergie (électricité et pétrole).

La fabrication et l'exportation de l'alumine seront donc des éléments essentiels dont la limitation ne dépendra que du marché mondial.

2 — de s'intéresser à la fois à toutes les exploitations compte tenu de la demande mondiale très importante en matières premières et selon l'échelle de priorité ci-dessous :

Zone Nord-Ouest : Boké - Ayé-Koyé — Gaoul,
Zone Centre : Fria - Kindia,
Zone Nord-Est : Dabola - Tougué-Labé -Pita.

Projet Ayé-Koyé

L'objectif initial de ce projet est de produire annuellement 1 000 000 tonnes d'alumine et 1 500 000 tonnes de bauxite à exporter en permière phase pour un coût de 1,2 milliard de dollars.

Les partenaires de ce projet sont les pays arabes dont les besoins potentiels seraient de l'ordre de 980 000 tonnes d'alumine an.

Il est prévu la réalisation, d'une usine d'électrolyse de 150 000 tonnes an d'aluminium dont la mise en service correspondra à la fin des travaux de construction du barrage hydroélectrique du Konkouré.

Projet d'Extension Friguia :

Zone Centrale Friguia

Cette société exploite la bauxite de Fria et la transforme en alumine. Sa capacité est de 700 000 t/an.

Le coût du projet est de 200 000 000 de dollars financés par les Partenaires de la Guinée qui sont :

— Noranda, (Canada/USA)
— Pecheney uk, (France)

— Bristish aluminium, (Grande Bretagne)

— Alusuisse, (Suisse)

— V. A. W. (R.F.A)

Il s'agit de porter la capacité actuelle de l'usine de 700 000 tonnes par an à 1 300 000 t par an d'alumine.

LA C.B.G.

La Compagnie des Bauxites de Guinée (C.B.G.) exploite les gisements de Boké à raison de 9 000 000 t/an.

Le Coût des investissements est de 330 000 000 de dollars financés par la Banque Mondiale et les Partenaires suivants :

— Alco (USA)
— Alcan (CANADA)
— Martin Marietta (USA)
— Pecheney Ugine Kulhman (FRANCE)
— VAW (R.F.A.)
— Alumetal (ITALIE)

Nos partenaires de la CBG viennent d'envisager la réalisation d'une usine de calcination d'une capacité de 400 000 tonnes représentant à l'exportation une augmentation de près de 40 000 000 de dollars par an.

L'industrie d'aluminium, nul ne l'ignore, tend à être concentrée et integrée. La bauxite est localisée en quantité industrielle en quelques endroits seulement à la surface de la terre. La Guinée a le privilège inestimable de réceler dans son sous-sol plus des deux tiers des réserves mondiales exploitables de bauxite, soit 15 milliards de tonnes, et la production intensive de l'aluminium exige une importante quantité d'électricité, un potentiel hydro-électrique fort considérable.

Les technologies de transformation de l'alumine en aluminium sont complexes et nombreuses. La Guinée coopère avec les principaux producteurs d'aluminium ayant maîtrisé la meilleure technologie.

Du fait que la réalisation de ces grands projets nécessitera encore l'intervention extérieure, la Guinée tient à ce que ses relations avec les sociétés étrangères soient de coopération équilibrée et loyale. En retour de l'accès à ses matières premières brutes ou transformées, dans un esprit d'échange équitable, la Guinée est ouverte à l'utilisation de la technologie et des capitaux de ses partenaires.

Ainsi, elle a donné la priorité à la réalisation du projet de barrage du Konkouré et d'une centrale hydro-électrique de 650 MW en vue de l'alimentation d'une usine d'aluminium de 150 000 t/an en première phase.

Ayé Koyé fournira les 300 000 tonnes d'alumine par an nécessaires à la fabrication des 150 000 tonnes d'aluminium prévues.

Cette politique, compte tenu du potentiel minier, s'incère parfaitement dans les perspectives de l'industrie mondiale à cause du prix de l'énergie, d'où découle la nécessité de remplacer l'acier par l'aluminium et aussi à cause de la diversification de plus en plus poussée des applications de l'aluminium.

Avec l'accord intervenu en septembre 1980 entre Mifergui-Nimba et Lamco Joint-Venture, accord ratifié par les partenaires privés de Lamco Joint-Venture, la société Mifergui Nimba pourra exporter 15 000 000 T/an de minerai de fer de haute teneur par le chemin de fer de la Lamco Joint-Venture, et le port de Buchanan au Libéria.

EXPLOITATION MINIERE

Les Monts Nimba sont un massif précambien au profil escarpé culminant à 1752 m et s'élevant en falaises abrutes au-dessus d'un plateau environnant d'altitudes assez uniformes variant entre 500 et 600 m. Ici et là la crête est profondément entaillée de ravins étroits.

Sur une superficie relativement très réduite, se trouvent concentrés les quatres gisements reconnus du Château, du Sempéré, des grands Rochers et du Pierre Richaud, de plus de 1 milliard de tonnes de réserves. Ces gisements provenant de l'enrichissement de quartit des ferrugineux (itabirites) en hématite (Fe 203), occupent les parties sommitales de la montagne qui culmine à 1 675 m dans cette partie du massif. Cette configuration est particulièrement propice à une exploitation à ciel ouvert.

Le gisement du Pierre Richaud, long de 2 700 m et large en moyenne de 700 m sera exploité jusqu'à la côte de 1 300 m, soit sur environ 400 m d'épaisseur.

Ainsi la réalisation de Mifergui-Nimba devra non seulement permettre le bitumage des routes Nimba - Lola - N'Zérékoré et N'Zérékoré - Beyla, l'agrandissement et la modernisation de l'aéroport de N'Zérékoré. etc... mais devra impulser une industrie locale de matériaux de construction (bois, briques cuites, concassées, etc...) et promouvoir par voie de conséquence l'urbanisation.

Cette réalisation devra également donner lieu à un développement agro-pastoral (cultures maraîchères, élevage de volaille, etc....) pour satisfaire les besoins de la population d'une nouvelle ville de 15 à 20 000 habitants.

Les investissement nécessaires pour exploiter et exporter 15 000 000 tonnes par an de minerai de fer du Nimba ont été évalués en 1978 par Kaiser Engineers comme suit :

A. — **Investissements en Guinée**	US $
Mine	197 895 000
Infrastructure	89 499 000
Matériel roulant ferroviaire	47 613 00
	222 876 000

B. — **Investissements au Libéria**	
Voie ferrée	63 844 000
Port	93 500 000
Infrastructure	65 532 000
	22 876 000

Montant total des investissements en Guinée et au Libéria	557 883 000

Pour l'exécution des travaux en Guinée, le projet nécessitera au moins 1 800 travailleurs en période de pointe, dont 1 350 guinéens et 450 étrangers.

Le personnel prévu au Nimba en période d'exploitation est de 1 231 employés, dont 1079 guinéens et 152 étrangers. Afin de procéder le plus rapidement possible à l'africanisation du personnel de Mifergui-Nimba, la formation professionnelle des guinéens de tous niveaux sera entreprise dès le début des travaux de construction.

Les participations dans Mifergui-Nimba sont les suivantes :

	%
— Guinée	50
— Nigéria	13,5
— Libye	10
— Sonarem (Algérie)	7
— INI (Espagne)	4
— Mineral importexport (Roumanie)	2,5
— Mifergui-Japon Corporation (Japon)	2,1
— Solmer (France)	2
— Usinor (France)	2
— Libéria	0,25
— Disponible	2,65
	100 %

La Société reste encore ouverte à d'autres partenaires et s'attend à la participation de grands sidérurgistes d'Europe et d'Amérique.

Il ressort de la structure ci-dessus que Mifergui-Nimba répond bien à la politique de coopération tous azimuts du Parti-Etat de Guinée si opportunément définie par le Responsable Suprême de la Révolution dans son magistral discours d'ouverture du 11e Congrès du Parti-Etat de Guinée.

A noter, signe des temps, la prédominance de l'Afrique dans la Société, dans laquelle elle détient 80 % du capital social. On sait que les grands projets sidérurgiques de la République Fédérale du Nigéria sont basés essentiellement sur l'utilisation du minerai guinéen. Les installations de réduction directe et les aciéries prévues en Libye et en Algérie et devant utiliser le minerai du Nimba joueront à coup sûr un rôle important dans l'industrialisation de ces pays frères. Et il ne fait aucun doute que Mifergui-Nimba offrira à la République Populaire Révolutionnaire de Guinée et à la République du Libéria, déjà partenaire, avec la République de Sierra-Léone, dans l'Union du Fleuve Mano, l'occasion d'une intégration économique très poussée.

Avec la perspective de mise en valeur imminente du gisement de fer du Nimba, la République Populaire Révolutionnaire de Guinée est donc à la veille d'un événement majeur dans le cadre de son développement économique multiforme.

Le grand intérêt du minerai de fer guinéen, particulièrement pour les consommateurs européens, se comprend aisément si l'on considère qu'en 1985 près de 65 % de la consommation japonaise et plus de 75 % de celle de l'Europe de l'Ouest seront constituées de sinter feed, qui est, le produit commercial de Mifergui-Nimba. Ce sinter feed et les pellest fabriqués avec le minerai guinéen ont révélé d'excellentes propriétés métallurgiques. Le minerai de fer de Nimba est, en effet, l'un des rares au monde qui soit apte à la préréduction sans enrichissement préalable. Or, l'éponge de fer, en raison de son grand degré de pureté, s'impose de plus comme remplaçant de la ferraille dans la sidérurugie, notamment dans la fabrication des aciers de haute gamme.

Ce faisant, notre pays se placerait parmi les tous premiers producteurs et exportateurs mondiaux de minerai de fer, en devenant aussi célèbre pour celui-ci que pour sa bauxite. Et, compte tenu de ses autres grands projets, tel que le Kounkouré, son décollage économique serait définitivement assuré.

Ismaël Touré

TABLES DES MATIERES

ANNEXE

Structures éditoriales du groupe L'Harmattan

L'Harmattan Italie
Via degli Artisti, 15
10124 Torino
harmattan.italia@gmail.com

L'Harmattan Hongrie
Kossuth l. u. 14-16.
1053 Budapest
harmattan@harmattan.hu

L'Harmattan Sénégal
10 VDN en face Mermoz
BP 45034 Dakar-Fann
senharmattan@gmail.com

L'Harmattan Cameroun
TSINGA/FECAFOOT
BP 11486 Yaoundé
inkoukam@gmail.com

L'Harmattan Burkina Faso
Achille Somé – tengnule@hotmail.fr

L'Harmattan Guinée
Almamya, rue KA 028 OKB Agency
BP 3470 Conakry
harmattanguinee@yahoo.fr

L'Harmattan RDC
185, avenue Nyangwe
Commune de Lingwala – Kinshasa
matangilamusadila@yahoo.fr

L'Harmattan Congo
67, boulevard Denis-Sassou-N'Guesso
BP 2874 Brazzaville
harmattan.congo@yahoo.fr

L'Harmattan Mali
ACI 2000 - Immeuble Mgr Jean Marie Cisse
Bureau 10
BP 145 Bamako-Mali
mali@harmattan.fr

L'Harmattan Togo
Djidjole – Lomé
Maison Amela
face EPP BATOME
ddamela@aol.com

L'Harmattan Côte d'Ivoire
Résidence Karl – Cité des Arts
Abidjan-Cocody
03 BP 1588 Abidjan
espace_harmattan.ci@hotmail.fr

Nos librairies en France

Librairie internationale
16, rue des Écoles
75005 Paris
librairie.internationale@harmattan.fr
01 40 46 79 11
www.librairieharmattan.com

Librairie des savoirs
21, rue des Écoles
75005 Paris
librairie.sh@harmattan.fr
01 46 34 13 71
www.librairieharmattansh.com

Librairie Le Lucernaire
53, rue Notre-Dame-des-Champs
75006 Paris
librairie@lucernaire.fr
01 42 22 67 13